अंग्रेज़ी - हिन्दी

शब्दों का ठीक प्रयोग

अंग्रेजी-हिंदी
शब्दों का ठीक प्रयोग
(Correct Use of English-Hindi Words)

कैलाशचंद्र भाटिया

प्र
प्रभात
प्रकाशन

प्रकाशक • **प्रभात प्रकाशन प्रा. लि.**
4/19 आसफ अली रोड,
नई दिल्ली–110002

संस्करण • 2026
मूल्य • छह सौ रुपए
मुद्रक • नरुला प्रिंटर्स, दिल्ली

ANGREZI-HINDI SHABHON KA THEEK PRAYOG
(Correct Use of English-Hindi Words)
Ed. Dr. K.C. Bhatia ₹ 600.0
Published by Prabhat Prakashan Pvt. Ltd., 4/19 Asaf Ali Road, New Delhi-
e-mail: prabhatbooks@gmail.com ISBN 978-93-7573-688-

आदरणीय डा० हरदेव बाहरी जी

को

सादर

कुछ अपनी बात

प्रत्येक भाषा में अनेक ऐसे शब्द होते हैं जिनको प्रायः पर्याय समझ लिया जाता है। वस्तुतः ऐसे पर्याय तो बहुत ही कम होते हैं जिनका अर्थ एक-दूसरे से पूरी तरह समान हो। इन सब पर्यायों में व्यवहार में निकटता तो होती है पर अर्थ की समानता कम होती है। बुद्धि के लिए प्रखर, तीक्ष्ण तथा कुशाग्र विशेषण समान होते हुए भी भिन्न-भिन्न अर्थ-छटाओं की अभिव्यक्ति करते हैं। प्रयोग और संदर्भ-भेद से ही अर्थ-भेद निश्चित होता है। लेखन/अनुवाद करते समय भी प्रयोगगत सूक्ष्म भेदों का ज्ञान लेखक/अनुवादक को होना चाहिए। हिन्दी में साहित्यिक दृष्टि से पर्यायों में सूक्ष्म भेद पर आचार्य रामचन्द्र वर्मा, डा० ब्रजमोहन, डा० बदरीनाथ कपूर के कार्य उल्लेखनीय हैं। प्रशासन तथा विधि (कानून) के क्षेत्र में भी इस प्रकार की पर्याप्त शब्दावली है, जिसका व्यवहार में प्रयोग प्रति क्षण होता है। राजभाषा अधिनियम सन् 1963 के अनुसार भारत सरकार में व्यापक क्षेत्र में द्विभाषी नीति का परिपालन किया जा रहा है, अतएव जरूरी हो गया है कि मिलते-जुलते शब्दों की स्पष्ट संकल्पना, अंग्रेजी तथा हिन्दी में, हमें हो। इस दिशा में यह पहला और लघु प्रयास है, जिसमें 203 शब्द-मालाओं में एक हजार से अधिक शब्दों पर विचार-विवेचन प्रस्तुत किया गया है। जहाँ इन शब्दों के सूक्ष्म अर्थ-भेदों को स्पष्ट किया गया है वहाँ विभिन्न प्रयोगों को भी दिया गया है। इससे शब्दों के ठीक प्रयोग की ओर पाठक उन्मुख हो सकेंगे और मिलते-जुलते शब्दों के अर्थों में भी सूक्ष्म अन्तर समझ सकेंगे। इससे यह बात भी स्वयंसिद्ध हो जाती है कि अंग्रेजी की तुलना में हिन्दी की अभिव्यंजना-शक्ति किंचित् मात्र भी कम नहीं है।

इस परिवर्धित संस्करण में 18 नई शब्द-मालाओं का समावेश कर को और अधिक उपयोगी बनाने का प्रयास किया गया है।

यह ग्रन्थ व्यावहारिक उपयोग की दृष्टि से तैयार किया गया है। सुधी पाठकों के सुझावों का स्वागत है।

—कैलाशचन्द्र भाटिया

A

1. Abridgement, Abstract, Brief, Digest, Epitome, Minutes, Outline, Précis, Summary, Synopsis, Résumé

Abridgement : संक्षेप, न्यूनन—पुस्तक, किसी लम्बे लेख का ऐसा संक्षिप्त रूप जिसमें मात्र महत्त्वपूर्ण अंश रह गये हों।
(Cutting short, preserving the essence)

Abstract : सार, संक्षिप्ति—किसी प्रबंध, पुस्तक, शोधपत्र का ऐसा संक्षेप जिसमें अत्यधिक आवश्यक अंश रखे जाएँ।
(A summary)

Abstract of the instrument—लिखत की संक्षिप्ति

Brief : विषयसार, पक्षसार—विचार के लिए प्रस्तुत विषय के मुख्य-मुख्य स्थलों का संक्षिप्त रूप।
(A summary of facts and points of law drawn up)

Digest : सार-संग्रह—आवश्यक तथा जानने योग्य बातों/लेखों का क्रमबद्ध संक्षिप्त रूप।
(A compilation of the head-notes of decided case, arranged alphabetically or systematically by subject)

Epitome : निचोड़—किसी भी महत्त्वपूर्ण मसले का अत्यधिक सार-संक्षेप। सार (एब्सट्रैक्ट) से विशेष भिन्न नहीं है।
(Short summary of a book, speech etc.)

Minutes : कार्यवृत्त—किसी भी बैठक में उठाये गये मुद्दों का क्रमशः विवरण तथा निर्णयों का संक्षिप्त उल्लेख।
(A brief summary of events or transactions)

Outline : रूपरेखा—किसी विवेच्य ग्रंथ अथवा शोध की रूपरेखा।
(Statement of the chief facts, points)

Précis : संक्षेपण—किसी भी विस्तृत गद्य/गद्यांश का निश्चित की गई शब्द संख्या में संक्षिप्त रूप जिसमें कोई महत्त्वपूर्ण बात/तथ्य आने से रह न जाए।
(Chief ideas, points, etc. of a speech or piece of writing restated in a shortened form)

Summary : सारांश—पुस्तक-अध्याय, पुस्तक, लेख अथवा परिच्छेद-अनुच्छेदों की संक्षेप में दी गई मुख्य और आवश्यक बातें।
(Containing or comprising the chief points or sum and substance of a matter)

Synopsis : विषय-संक्षेप—ऐसा संक्षिप्त रूप जिससे शोधग्रंथ की विषयवस्तु का ज्ञान हो जाए। संक्षिप्त कथानक जिससे किसी पुस्तक की पूरी विषयवस्तु स्पष्ट हो जाए।
(Summary or outline of a play, book etc.)

Résumé : संक्षेपिका—किसी बैठक (मीटिंग), अधिवेशन, कान्फ्रेंस की कार्यवाही का संक्षिप्त विवरण। किसी भी बृहद् आख्यान का संक्षेप।
(Summary)

•

2. Abuse, Misapplication, Misappropriation, Misuse

Abuse : दुरुपयोग—किसी चीज़/वस्तु का दी गई रीति से भिन्न रीति या रूप से ग़लत प्रयोग करना।
(To take bad advantage of)

Abuse of the process—कार्यवाही का दुरुपयोग

Misapplication : दुष्प्रयोग, दुरुपयोजन—जो फंड जिस काम के लिए दिया गया है, उसका ग़लत प्रयोग।
(The action of misapplying, improper or corrupt use or application of funds etc.)

Misappropriation : दुर्विनियोग—जिस कार्य के लिए धन दिया गया है उसका ग़लत विनियोग।
(Appropriating to wrong use)

Misappropriation of property—संपत्ति का दुर्विनियोग

Misuse : अनुचित प्रयोग—किसी चीज़ को अनुचित रूप से काम में लाना, ग़लत ढंग से प्रयोग करना।
(Improper, wrong use)

Misused stamps—ग़लती से उपयोग किये गये स्टाम्प

•

3. Abutting, Adjacent, Adjoining, Contiguous, Neighbouring, Subjacent

Abutting : संस्पर्शी—साथ लगा हुआ।
(Having a common boundary with)

Adjacent : आसन्न, पास का—निकटवर्ती, जिसमें कोई अन्य बीच में न हो।
(Lying near to)

Adjacent country—पास का लगा हुआ देश

Adjoining : संलग्न, लगा हुआ—साथ लगा हुआ या छूता हुआ। बराबर मिली हुई।

Adjoining land—लगी हुई भूमि

Contiguous : समीप— जिसकी सीमा दूसरे की सीमा से सटी हुई हो।
(Touching ; next)

Neighbouring : पड़ोसी—पड़ोस का।

Neighbouring place—पड़ोस का स्थान (गाँव)

Subjacent : अधःस्थित, नीचे का— नीचे स्थित।

Subjacent support—नीचे का सहारा

•

4. Acceptance, Accede, Acquiescence, Assent, Concurrence, Consent

Acceptance : स्वीकृति, प्रतिग्रहण—किसी चीज़ के ग्रहण/बात को मानने का भाव।
(The action or fact of accepting)

Acceptance of promise—वचन का प्रतिग्रहण
Accepted —स्वीकृत

Accede : मान लेना, अंगीकार करना—अपना पक्ष छोड़कर दूसरे की बात मान लेना।
(Agree to a proposal)

Acceding to—अंगीकार करना

Acquiescence : उपमति, उपमत होना—मौन स्वीकृति मान ली जाती है।
(A consent inferred from silence, to give silent or passive assent to)

Assent : अनुमति—किसी का सुझाव मान लेना, अपनी सहमति देना।
(1. An official, judicial or formal sanction
2. To give assent ; to express one's agreement)

Assented—अनुमत

Concurrence : सहमति—विषय को कार्यरूप देने की पद्धति में एकमत होना। जिससे सहमति ली जाती है, वह सिद्धांत रूप में पहले से स्वीकृति दिये हुए होता है।
(The action of concurring)

Concurrence of majority—बहुसंख्या की सहमति, बहुमत
concurred —सहमत

Consent : सम्मति—सद्भावना के साथ अपनी स्वीकृति देना।
(A concurrence of will)

Consent in writing—लिखित सम्मति
Consent of parties—पक्षकारों/दलों की सम्मति
Consented —सम्मत

•

5. Accommodation, Adaptation, Adjustment, Conformity

Accommodation : समंजन, सौकर्य—वास, जगह के अतिरिक्त सौकर्य के लिए इसका प्रयोग किया जाता है।
(Provision of what is needful or desirable for convenience—loan, pecuniary assistance)

Accommodation bill—सौकर्य-पत्र

Adaptation : अनुकूलन—अनुकूल करने की प्रक्रिया।
(The action or process of adapting)

Adaptation order—अनुकूलन आदेश

Adjustment : समायोजन—जिस पद्धति में सभी चीज़ें/व्यक्ति यथास्थान पा लेते हैं।
(An arrangement whereby things are adjusted)

Adjustment of accounts—लेखाओं का समायोजन

Conformity : अनुरूपता—फ़ार्म व प्रकार में अनुरूप हो जाना।
(Agreement in character, correspondence in form)

In conformity with—के अनुरूप

•

6. Accumulate, Amass, Collect, Hoard, Muster, Store

Accumulate : संचय करना— जोड़ते चले जाना।
(To collect or bring together, to go on increasing)

Accumulated balance—संचित अतिशेष
Accumulated profits —संचित लाभ
Accumulation —संचयन, ढेर

Amass : इकट्ठा करना—पदार्थों (विशेष रूप से मूल्यवान) को जमा करते चलना।
(Pile/Heap up together)

Amassing—ढेर लगाना, एकत्र करना

Collect : संग्रह करना—कई स्थानों से लाकर इकट्ठा करना।
(To gather in, to gather together)

नोट : 'वसूल' करने के अर्थ में भी प्रयुक्त।

Collection—संकलन, संग्रह, संग्रहण, वसूली।

Hoard : जमा करना—अवैध रूप से, कानूनी अपराध के रूप में, छिपाकर जमा करना।

(To deposit in secret, to store in excess)

Hoarding—जमाख़ोरी

Muster : जुटाना—एकत्र करना, बटोरना, एकत्र हो जाना।

(Assembly or gathering of persons)

Muster-roll—नामावली

Store : संग्रह करना, भंडारण—एक स्थान पर रखते जाना ; भंडार में रखना।

(Quantity kept for use as needed ; place where goods are kept)

Store house — भंडार-गृह
Store-keeper — भंडारी
Storage — भंडारकरण
Storing — भंडारकरण

•

7. Accuse, Allege, Arraign, Blame, Charge, Impeach, Indict

Accuse : अभियोग लगाना—किसी दूसरे पर (व्यक्तिगत रूप से) दोष/आरोप लगाना।

(To charge with an offence)

Accusation — अभियोग
Accused — अभियुक्त

Allege : अभिकथन करना—किसी पक्ष द्वारा स्पष्ट रूप से कहे गये कथन जिनको वह सच सिद्ध करता है।

(To state positively the statement by a party what he undertakes to prove)

Allegation — अभिकथन
Alleged — अभिकथित

Arraign : आरोप सुनाना—अभियुक्त को कोर्ट (न्यायालय) में बुलवाकर उसे उन आरोपों को सुनाना जो उस पर लगाये गये हैं।

(Find fault with, indict before tribunal)

Arraignment—आरोपण, दोषारोपण

Blame : दोषारोपण करना—'दोष' से यह स्पष्ट संकेत मिलता है कि उस वस्तु, व्यक्ति में निश्चित रूप से कोई बुराई, ख़राबी ज़रूर है। दोष की जवाबदेही किसी पर रखना।

(Find fault with)

Blame for the litigation—मुकदमे के लिए दोष

Charge : आरोप लगाना—किसी पर लगाये गये आरोपों को उसे आधिकारिक रूप से सुनाना या लिखित रूप में देना/बताना।

(To accuse formally, to frame a charge)

Charge erroneous — ग़लत आरोप
Charged — आरोपित

Impeach : महाभियोग चलाना—किसी भी सार्वजनिक व्यक्ति (शासक) पर आरोप लगाकर अभियोग चलाना।

(To bring a charge against)

Impeachment—महाभियोग

Indict : अभ्यारोप लगाना—प्राप्त साक्ष्यों के आधार पर कोर्ट (ज्यूरी) द्वारा आरोप लगाना।

(To accuse before a court for some offence)

Indictment—अभ्यारोपण

8. Accused, Convict, Criminal, Culprit, Defaulter, Offender

Accused : अभियुक्त —एक व्यक्ति जिसके विरुद्ध अभिकथन लगाये गये हैं।
(A person against whom an allegation has been made that he has committed an offence)

Accused person—अभियुक्त व्यक्ति

Convict : सिद्धदोष —जिस व्यक्ति के विरुद्ध दोष सिद्ध हो चुका है।
(A person found guilty of an offence)

Life convict—आजीवन सिद्धदोष

Criminal : अपराधी—वह जिसने कोई अपराध किया हो।
(One who has committed a crime)

Criminal act — आपराधिक कार्य
Criminal case — आपराधिक मामला

Culprit : मुजरिम—मुजरिम कोई अपराधी, दोषी या अभियुक्त हो सकता है।
(A person accused but not yet tried, one in fault, a criminal)

Defaulter : दोषी, व्यतिक्रमी—वह जिसने व्यतिक्रम किया हो।
(One who commits default)

Default—1. Failure to perform some legal requirement — व्यतिक्रम
2. Want — अभाव
3. Defect — दोष

Offender : कसूरवार, अपराधी—वह जिसने कोई कसूर किया हो।
(One who commits an offence)

•

9. Achievement, Ability, Accomplishment, Attainment, Attribute, Capability, Capacity, Competence, Efficiency, Merit, Proficiency, Property, Qualification, Trait, Worth

Achievement : उपलब्धि—जो कुछ निश्चित अवधि में प्राप्त किया है।
(Reach, achieving)

Ability : योग्यता—काम करने की शक्ति।
(Sufficient power and capacity)

Accomplishment : लब्धि, निष्पत्ति—परिश्रम तथा योग्यता से जो प्राप्त कर लिया है।
(Completeness)

Accomplishment of purpose—प्रयोजन पूरा होना

Attainment : प्राप्ति, सिद्धि—विशेष योग्यता, बुद्धि, चातुर्य तथा परिश्रम से जो प्राप्त किया हो।
(Success in doing or getting)

Attainment of object — उद्देश्य की प्राप्ति
Attainment of qualifications — अर्हता प्राप्त करना

Attribute : विशेषता—किसी चीज़ में नियत अथवा निर्धारित गुण।
(Quality or mark which is characteristic)

Capability : सामर्थ्य, समर्थता—काम-सम्पादन करने की कुशलता तथा बहु-मुखी उद्योग करने की क्षमता।

Capable by law—विधि अनुसार समर्थ

Capacity : क्षमता—किसी कार्य को किसी सीमा तक अच्छा सम्पादन करने की योग्यता।

1. Legal qualification —क्षमता
2. A position enabling one to do something — हैसियत
3. A containing space, area — धारिता

Competence : सक्षमता—अच्छी तरह, भली-भाँति किसी विशिष्ट कार्य की सम्पादन-योग्यता ।
(Sufficiency of qualification)

Efficiency : दक्षता, कार्य-कुशलता—कार्य को कुशलता से करने की योग्यता ।
(Ability to perform duties well)
Efficient performance—दक्षतापूर्ण पालन

Merit : गुण, ख़ूबी—ऐसी विशेषता जिसके कारण कोई चीज़/व्यक्ति अन्य की तुलना में अच्छी समझी/अच्छा समझा जाए ।
(Praiseworthy quality)

Proficiency : प्रवीणता—कुशलता के साथ कार्य-सम्पादन ।
(Advancement toward the attainment of a high degree of knowledge or skill)

Property : गुण-धर्म—किसी चीज़ का तात्त्विक गुण जिसको 'धर्म' की संज्ञा दी जाती है ।
(Quality or trait belonging to a person or thing)

Qualification : अर्हता, योग्यता—विशेष स्तर तक शिक्षण/प्रशिक्षण प्राप्त किया है ।
(A quality, accomplishment etc. which qualifies or fits a person for some office or function)

Trait : चारित्रिक विशिष्टता—चरित्र की सर्वप्रमुख विशेषता ।
(Special quality of one's character)

Worth : मूल्य—किसी वस्तु/व्यक्ति की विशेषता ।
(The quality of a thing which gives it value)

•

10. Acknowledge, Admit, Avow, Concede, Confess, Own

Acknowledge : अभिस्वीकार करना—यह मान लेना, क़बूल करना कि अमुक विषय की जानकारी हमें है/प्राप्त हो गई है।
(To admit as true/a claim)

Acknowledgement—अभिस्वीकृति

Admit : स्वीकार करना—उस बात को मान लेना जो छिपाई गई हो।
(To admit anything as true)

Admit the truth—सत्यता को स्वीकार करना

Avow : सबके समक्ष स्वीकार करना—खुलेआम सार्वजनिक रूप से स्वीकार करना।
(Confess, admit oneself to be)

Concede : मान लेना—किसी बात/कथन को मान लेना।
(Admit defeat in ; Admit)

Confess : इक़बाल करना, मानना—औपचारिक रूप में दोष स्वीकार करना कि वह स्वयं अपराधी है।
(To admit as a fault)

Confession—इक़बाल करना

Own : कबूलना, अंगीकार करना—अपने ऊपर कोई बात ले लेना/जिम्मेदारी को ओढ़ लेना।
[Confess to (owns to a sense of shame, to having done)]

•

11. Acknowledgement, Receipt

Acknowledgement : अभिस्वीकृति, पावती—किसी भी पत्र, दस्तावेज़ आदि की प्राप्ति की सूचना।
(The action of acknowledging)

Acknowledgement in writing—लिखित अभिस्वीकृति
Acknowledgement receipt —अभिस्वीकृति रसीद

Receipt : रसीद, प्राप्ति—किसी वस्तु/धनराशि को प्राप्त करने के बाद दी गई।
(Written acknowledgement of money/goods ; the act of receiving)

Receipt book — रसीद बही
Receipt of goods—माल की प्राप्ति

•

12. Acme, Apex, Climax, Peak, Pinnacle, Summit

Acme : पूर्णता का सूचक—वह जो किसी वस्तु के गुण की पूर्णता का सूचक हो।
(Point or period of perfection)

Apex : शीर्ष—कई संस्थाओं/कार्यालयों को नियंत्रण में रखने वाला शीर्ष निकाय।
(Tip ; top ; climax)

Climax : चरमोत्कर्ष, पराकाष्ठा—किसी महत्त्वपूर्ण घटना, तथ्य का आख़री बिन्दु।
(Event or point of greatest intensity)

Peak : 1. **चोटी**—आसपास की चोटियों में सर्वाधिक ऊँची।
(Pointed top of mountain)

2. **चरम-सीमा**—किसी स्थान की अन्तिम सीमा।
(Highest point)

3. **व्यस्ततम**—अत्यधिक व्यस्त।
(Time of most intense)

Pinnacle : **शृंग**—ऐसी चोटी जिसका मार्ग काफ़ी घुमावदार हो।
[Natural peak ; culmination (fig.)]

Summit : **शिखर**—किसी चीज़/स्थान का सबसे ऊँचा स्तर।
(The highest point or degree)

At the summit —शिखरस्थ
Summit conference—शिखर सम्मेलन

●

13. Acquit, Absolve, Discharge, Exculpate, Exonerate, Free, Release, Vindicate

Acquit : **दोषमुक्त करना**—मुक़दमे के बाद दोषमुक्त ठहराना।
(To set free or deliver from the charge of an offence after trial)

Acquittal—दोषमुक्ति

Absolve : **विमुक्त करना**—किसी दायित्व अथवा उत्तरदायित्व से मुक्त करना।
[Set or pronounce free (from blame, of sin)]

Absolve from liability—दायित्व से मुक्ति पा जाना

Discharge : **आरोपमुक्त करना,**
उन्मुक्त करना,
उन्मोचन—क़ैद में लगे बंधन आदि उठाकर जाने की अनुमति देना।
(The act of freeing from obligation, liability or restraint)

Discharge of the accused — अभियुक्त का उन्मोचन
Discharged — उन्मोचित

Exculpate : **निरपराध घोषित करना**—छोटी-छोटी बातों (अपराधवाली) से छुटकारा देना।
(To clear from the charge of a fault or crime)

Exonerate : **विमुक्त करना, माफी देना**—किसी प्रकार के भार/प्रभार से मुक्त करना।
(To release a person or property from liability)

Free : **मुक्त करना**—बंधन, भार आदि से मुक्त कर छोड़ना।
(Not bound or confined)

Release : **रिहा करना, निर्मुक्त करना**—जेल, हवालात आदि से छोड़ना।
(To set at liberty)

Release on probation—परिवीक्षा पर रिहा करना
Release on bail —जमानत पर छोड़ा जाना
Released —छूटा, छोड़ा गया, निर्मुक्त

Vindicate : **दोष से मुक्त करना**—उपयुक्त प्रमाण तथा साक्ष्य न मिलने से निर्दोष सिद्ध करना।
(Clear of suspicion)

14. Act, Bill, Byelaw, Canon, Enactment, Law, Legislation, Ordinance, Regulation, Rule, Statute, Sub-rule

Act : अधिनियम—सामान्यत: इसका अर्थ कार्य-क्रिया होता है, पर प्रशासन-विधि में विधि-सम्मत प्रक्रिया जिस कानून के अन्तर्गत होती है, वह 'अधिनियम' कहलाता है ।
(A law made by a competent legislature)

Act of Parliament—संसद् का अधिनियम
Act of Legislature—विधानमण्डल का अधिनियम

Bill : विधेयक—किसी विधानमण्डल या संसद् में पेश करने के लिए प्रारूप जो पारित होकर 'अधिनियम' का रूप ले लेता है ।
(The draft submitted to the legislature for discussion and adoption as an Act)

नोट : कभी-कभी लिखित दस्तावेज़ भी बिल (पत्र) कहलाता है, जैसे—

Bill of rights—अधिकार-पत्र

Byelaw (By-law) : उपविधि—किसी भी क़ानून (विधि) के उपविधि भी होते हैं ।
(Regulation made by local authority or corporation)

Canon : धर्मविधि—चर्च द्वारा निर्धारित नियम 'धर्मनियम' कहलाते हैं ।
(Rule of law or decree of the Church)

Enactment : अधिनियमन—जब किसी बात को नियमित करने के लिए 'अधिनियमन' किया जाए ।
(That which is enacted ; a statute ; one of the provisions)

Enacted as follows—निम्नलिखित रूप से अधिनियमित

Law : विधि—क़ानून, विशेषतः सत्ता द्वारा बनाया गया, जो किसी भू-भाग पर लागू हो।

(The system of authoritative materials for grounding or guiding judicial and administrative action recognized or established in a politically organised society)

Legislation : विधान—विधायक या विधान सभा के अधिनियम।

(The enactments of a legislator or a legislative body)

Ordinance : अध्यादेश—राज्य में/देश में सर्वोच्च शासक द्वारा बनाई गई विशेष विधि।

(Ordinance promulgated by the President of India or the Governor of any State when the legislature is not in session)

Regulation : विनियम—किसी देश में संघ/संस्था द्वारा बनाया गया नियम।

(Rule prescribed for the management of some matter ; rule or order having the force of law issued by an executive authority of a government usually under power granted by the Constitution)

Rule : नियम—कार्य-व्यापार मर्यादित करनेवाली कोई प्रथा। कभी-कभी सरकार द्वारा कार्य-संचालन में सुविधा लाने के लिए नियम बनाये जाते हैं, जिनको राजपत्र में प्रकाशित करने से मान्यता प्राप्त होती है।

(A kind of regulation or byelaw; a principle regulating some action)

Rule of road on land—भूमि पर मार्ग का नियम

Statute : 1. **क़ानून,**

2. **स्टेटयूट (परिनियम)**—संसद् या विधान सभा/सभाओं द्वारा पारित किया गया क़ानून/विधि ।

1. A written law as distinguished from a customary law
2. A type of subordinate legislation applied generally to that framed by a university

Sub-rule : **उपनियम**—नियमों के अन्तर्गत प्रत्येक नियम के कुछ उपनियम भी हो सकते हैं ।

(A sub-division of a rule)

•

15. Act, Deed, Function, Operation, Performance, React, Work

Act : 1. **करना,**

2. **कार्य करना**—क्रिया, प्रक्रिया, अनुकरण, सम्पादन आदि करना ।

(To perform)

Act in good faith — सद्भावपूर्वक कार्य
Act in persuance — अनुसरण में कार्य करना
Action — कार्रवाई

Deed : 1. **कर्म**—वस्तुत: यह व्यक्ति विशेष की 'करनी' है ।

2. **विलेख**—An instrument in writing purporting to effect some legal disposition

Deed of trust —न्यास विलेख
Deed of settlement—व्यवस्थापन विलेख

Function : 1. कर्त्तव्यपालन,

2. कृत्य—पद आदि के ज़रूरी कर्त्तव्य निबाहने के नाते किये गये कार्य।

1. To perform one's part
2. The kind of action proper to a person as belonging to a class, official duties

Function effectively— प्रभावी रूप से काम करना

Operation : 1. प्रवर्तन,

2. प्रचालन,

3. संक्रिया,

4. क्रिया--कुशलतापूर्वक किसी कार्य/अभियान को चलाना/परिचालित करना।

1. The condition being in force—प्रवर्तन
2. The act or process —प्रचालन
3. Action —संक्रिया
4. Working —क्रिया

Performance : 1. कार्य-सम्पादन (1. To execute)

2. पालन (2. The action of performing)

3. काम करना (3. Doing)

React : 1. अनुक्रिया,

2. प्रतिक्रिया—किसी के जवाब में कोई अनुक्रिया, प्रतिक्रिया करना। (Respond to stimulus, undergo change or show behaviour due to some influence)

Work : 1. कार्य/कर्म/काम,

2. कार्य करना,

3. कृति—किसी प्रकार की शारीरिक क्रिया द्वारा कोई कार्य करना। कभी-कभी मानसिक कार्य भी इस कोटि में माना जाता है।

1. Something that is done —काम, कार्य, कर्म
2. To work —कार्य करना
3. Any production of art as a literary composition —कृति

Manual work —शारीरिक काम
Work of Art —कलाकृति

•

16. Acting, Ad-hoc, Ad-interim, Interim, Provisional, Temporary

Acting : कार्यकारी—किसी स्थायी या चुनाव द्वारा निर्वाचित अधिकारी की अनुपस्थिति में उसके पद पर अस्थायी रूप से काम करने वाला व्यक्ति।

(Holding a temporary position ; performing services temporarily)

Acting allowance —कार्यकारी भत्ता
Acting chairman —कार्यकारी अध्यक्ष

Ad-hoc : तदर्थ—किसी उद्देश्य के लिए बिना चुनाव या नियुक्ति किये बनाना/स्थापित करना।

(Made, established, acting or concerned with a particular end or purpose)

Ad-hoc committee —तदर्थ समिति
Ad-hoc appointment—तदर्थ नियुक्ति

Ad-interim : अन्तरिम—ऐसी नियुक्ति जो किसी के निधन होने पर और उसका उत्तराधिकारी नियुक्त होने तक के समय के लिए हो।
(For the mean time)

Ad-interim injunction—अन्तरिम व्यादेश
Ad-interim order —अन्तरिम आदेश

Interim : अन्तरिम—मात्र कुछ काल के लिए।
(In the meantime)

Interim custody—अन्तरिम अभिरक्षा
Interim report —अन्तरिम रिपोर्ट

Provisional : अनन्तिम—जो स्थायी व्यवस्था होने तक के समय के लिए नियुक्त/स्थापित किया गया हो।
(Not final, temporary in nature)

Provisional assessment—अनन्तिम निर्धारण
Provisional certificate —अनन्तिम प्रमाण-पत्र

Temporary : अस्थायी—जो कुछ समय के लिए पद पर काम करता है और बाद में हटा दिया जाता है। जो नौकरी थोड़े समय के लिए या अनिश्चित समय के लिए मिली हो, उसे अस्थायी कहा जाएगा।
(Only for a time)

Temporary advance —अस्थायी अग्रिम
Temporary appointment —अस्थायी नियुक्ति

•

17. Acting, Officiating

Acting : कार्यकारी—किसी स्थायी या चुनाव द्वारा निर्वाचित अधिकारी की अनुपस्थिति में उसके पद पर अस्थायी रूप से काम करनेवाला व्यक्ति।

(Holding a temporary position, performing services temporarily)

Acting allowance—कार्यकारी भत्ता
Acting Chairman—कार्यकारी अध्यक्ष

Officiating : स्थानापन्न—स्थानापन्न के रूप में कार्य करनेवाला व्यक्ति।

(Filling a position temporarily)

Officiating appointment—स्थानापन्न नियुक्ति

•

18. Actual, Factual, Real, True

Actual : वास्तविक—जो अस्तित्व में हो। जिसकी सत्ता विद्यमान हो।

(Existing in act or fact)

Actual cost — वास्तविक लागत
Actual possession — वास्तविक कब्ज़ा

Factual : तथ्यात्मक—जो तथ्य है।

(An occurance, quality or relation, the reality of which may be inferred with certainty)

Real : 1. यथार्थ,

2. असली—जो जैसा प्रतीत होता है वह वैसा ही हो।

1. Actual —यथार्थ
2. Genuine —असली

True : **1. प्रामाणिक**—वह जिसकी प्रामाणिकता असंदिग्ध है।
2. सत्य-सच्चा,
3. सही,
4. शुद्ध

True allegiance —सत्य निष्ठा
True account —सच्चा लेखा
True translation —सही अनुवाद
True copy —शुद्ध/सही प्रति

•

19. Add, Affix, Annex, Append, Attach

Add : **1. योग करना** —जोड़ना। (To unite into one sum)
2. जोड़ना —(To join or unite, so as to increase the number)
3. परिवर्धन करना —(To augment)

Add parties —पक्षकारों का नाम जोड़ना
Add to the rules —नियमों में परिवर्धन करना
Addendum —युक्तिका, अनुशेष

Affix : **लगाना**—किसी चीज़ को (स्टाम्प/समन को) लगाना, चिपकाना।
[Fix, fasten, (thing to, on)]

Affix a copy of the summons—समन की एक प्रति लगाना
Affix to —चिपकाया जाना

Annex : **नत्थी करना**—किसी कागज़ को अनुबद्ध करना।
(To unite materially as an accessary)

Annexure—अनुलग्नक, उपाबन्ध (विधि)
Annexed —अनुबद्ध

Append : परिशिष्ट के रूप में लगाना—किसी दस्तावेज़ को/कागज़ को संलग्न करना।
(Adding to a document or book having some contributory value but not essential)

Appendix—परिशिष्ट

Attach : 1. साथ में लगाना—साथ में किसी चीज़/सूचना को लगाना।
2. कुर्क करना—To seize by authority of a writ of attachment

Attachment—(1) संलग्नक, (2) कुर्की
Attached —(1) संलग्न, (2) कुर्क की गई

•

20. Adjourn, Defer, Dissolve, Postpone, Prorogue, Suspend

Adjourn : स्थगित करना—चलती हुई कार्यवाही, सुनवाई आदि किसी अन्य दिन के लिए स्थगित करना/उठाना।
(To put off proceedings to another day)

Adjourn hearing—सुनवाई स्थगित करना
Adjourn sale —विक्रय को स्थगित करना
Adjournment —स्थगन
Adjourned —स्थगित

Defer : आस्थगित करना—कुछ समय के बाद अन्य तारीख के लिए स्थगित करना।
(To put off to some other time)

Defer payment—संदाय/भुगतान आस्थगित करना
Deferred —आस्थगित

Dissolve : भंग/विघटित करना—विघटित, समाप्त या भंग करना। (संसद् के संदर्भ में विशेषतः प्रयुक्त।)
(Dismiss or disperse assembly esp. Parliament)

Dissolution—विघटन, भंग
Dissolved —विघटित

Postpone : मुल्तवी करना—अपनी इच्छा से कुछ समय के लिए टालना।
(To put off to later time)

Postpone further proceedings —आगे की कार्यवाहियाँ मुल्तवी रखना
Postponement —मुल्तवी करना/होना

Prorogue : सत्रावसान करना—सत्र का अवसान करना। विशेषत: लोकसभा, राज्यसभा, विधानसभा के सन्दर्भ में प्रयुक्त।
[Discontinue meetings of (Parliament) without dissolving it]

Prorogation—सत्रावसान

Suspend : निलम्बित करना—कुछ अनिश्चित काल के लिए सेवा-कार्य से हटा देना। सेवाओं से मुअत्तिल करना।
(To put a stop to for the time being, to debar temporarily from any privilege, office or function)

Suspension— निलम्बन
Suspended—निलम्बित

•

21. Administer, Conduct, Control, Direct, Govern, Manage, Regulate, Reign, Rule

Administer : **1. प्रशासन करना**—सरकारी नियमों के अनुसार किसी क्षेत्र/प्रदेश में व्यवस्था करना/प्रबन्ध करना।
2. प्रबन्ध करना,
3. देना

1. To manage the affairs of —प्रशासन करना
2. To manage the property of a person who dies intestate —प्रबन्ध करना
3. To give as a remedial measure —देना

Administer warning—चेतावनी देना
Administer oath —शपथ दिलाना

Conduct : **संचालन करना**—अपनी देखरेख में किसी काम को संचालित करना जिसमें संचालक अपनी कुशलता का परिचय देता है।

1. To manage, to direct, to carry on —संचालन करना
2. Management —संचालन

Conduct of business —कामकाज का संचालन
Conduct of the suit —वाद का संचालन

Control : **नियंत्रण करना**—कड़े नियमों/निदेशनों के अनुसार व्यवस्था करना।

(1. To regulate, to govern, to have under command)
(2. Power to check or restrain)

Control of affairs—कामकाज का नियंत्रण
Control of goods —माल पर नियंत्रण

Direct : निदेश देना—सीधे-सीधे अथवा अप्रत्यक्ष रूप से दिये गये निदेशों द्वारा काम कराना/करवाना ।

(To give direction to)

नोट : दूसरा भाव 'प्रत्यक्ष', 'सीधा' के अर्थ में है । इसका भी प्रशासन में काफ़ी प्रचलन है ; जैसे—

प्रत्यक्ष कर, प्रत्यक्ष निर्वाचन, सीधी भर्ती ।

Direction—निदेशन

Govern : 1. शासन करना,

2 नियमन करना,

3. प्रबन्ध करना—राज्य/क्षेत्र में व्यवस्था स्थापित करना, शासन चलाना ।

(1. To rule with authority)

(2. To regulate)

(3. To manage)

Government—सरकार, शासन

Manage : व्यवस्था करना (प्रबन्ध करना)—अपने देखरेख में हर प्रकार का ध्यान रखते हुए व्यवस्था करना/कराना/करवाना ।

Management—प्रबन्ध, प्रबन्धमण्डल

Regulate : विनियमन करना—नियंत्रण द्वारा जब ठीक से चलाया जाता है तो उसे 'विनियमन करना' कहते हैं ।

(To correct by control ; to govern by rules and regulations)

Regulating the procedure—प्रक्रिया विनियमित करना

Reign : राज्य करना—राज्य करना । सामान्यतः राजा या रानी द्वारा किया जाता है । प्रजातंत्र में प्रचलन नहीं होता है । व्यंग्य में प्रयोग किया जाता है ।

(Hold royal office)

Rule : शासन करना—किसी एक व्यक्ति या समुदाय द्वारा मनमाने ढंग से जब प्रशासन चलाया जाता है तो उसके लिए (बुरे भाव में) प्रयुक्त होता है।

नोट : इस शब्द का नियम के अर्थ में विशेष प्रचलन है, जैसे—

(Order made by judge or court ; Principle to which action or procedure conforms)

Rule of law —विधिसम्मत शासन
Rule of interpretation—निर्वचन का नियम

•

22. Admission, Entrance, Entry, Inlet, Access

Admission : 1. प्रवेश (दाखिला)—किसी स्थान, समाज, संस्था या निकाय में
2. ग्रहण दाख़िल होने की स्वीकृति।

(The fact of being admitted to a place, society, body or institution, the act of accepting the fact)

Admission committee—प्रवेश समिति
Admission of petition—अर्जी का ग्रहण

Entrance : प्रविष्टि/प्रवेश— कहीं (किसी स्थान/भवन) पर प्रवेश पा लेना।

(Going or coming in)

Entrance fee—प्रवेश शुल्क

Entry : 1. प्रवेश—अन्दर जाने की अवस्था।

(The action of entering or going in)

2. प्रविष्टि— जिसको रिकार्ड में ले लिया गया है।

(That which is entered in a record)

Bill of entry —प्रवेश पत्र
Entry made upon a charge—आरोप में की गई प्रविष्टि

Inlet : **अन्तर्गम**—जिसका अन्दर से ही रास्ता हो ।
(Way of entry)

Access : **पहुँच**—कहीं, किसी भी माध्यम से पहुँच की स्थिति ।
(Approach, or the means, power or apportunity of approaching)

Access by climbing—चढ़कर पहुँच
Accessible —पहुँच में

•

23. Admonition, Censure, Chiding, Condemnation, Criticize, Blame, Rebuke, Reprehend, Reprimand, Reproach, Reproval, Denounce, Snubbing

Admonition : **भर्त्सना**—किसी को अधिकार सहित डाँटना ।
(An expression of authoritative warning)

Censure : **परिनिन्दा**—साधिकार किसी की निन्दा करना ।
(To criticize unfavourably)

Censure—परिनिन्दा

Chidding : **झिड़की**—किसी सामान्य बात पर झिड़कना ।
(Scolding)

Condemnation : **निन्दा, तिरस्कार**—किसी को दोषी मानते हुए निर्णय सुनाने की स्थिति ।
(An expression of warning)

Criticize : **दोष दिखलाना**—किसी दूसरे व्यक्ति या उसके द्वारा किये गए कार्य में दोष निकालना/दिखाना ।
(Discuss critically)

Criticism of the policy—नीति की आलोचना
Criticism —आलोचना

Blame : दोषारोपण करना—किसी गलती या दोष का उत्तरदायी किसी अन्य को बताना। दोष की जवाबदेही किसी अन्य पर रखना/डालना।

(Find fault with ; fix the responsibility on)

Blame for the litigation—मुकदमे के लिए दोष
Blame —दोषारोपण

Rebuke : डांट-फटकार – सामान्य झगड़ा होने पर गाली-गुफ़्तार तथा डाँट-फटकार।

(Subject to censure)

Reprehend : भर्त्सना करना—किसी व्यक्ति/संस्था को बुरे काम के लिए बुरा-भला कहना।

(Rebuke ; find fault)

Reprehension—भर्त्सना

Reprimand : फटकार, धिग्दण्ड—सार्वजनिक रूप से फटकारने की प्रक्रिया।

(To reprove severely, especially publicly)

Severe reprimand—तीव्र धिग्दण्ड (अच्छी फटकार)

Reproach : उपालम्भ—निन्दा के साथ फटकार, विशेषत: जलसेना में।

(Express disapproval to person, rebuke)

Reproval : धिक्कार—बड़े अधिकारी द्वारा धिक्कारने की प्रक्रिया, रिप्रिमांड से कम।

[Scold (person ; conduct etc.)]

Denounce : खुलेआम निन्दा करना—सार्वजनिक रूप से किसी व्यक्ति/संस्था की बुराई करना।

(Accuse publicly)

Snubbing : झिड़कना—किसी छोटी-बड़ी बात पर मामूली तौर पर मौखिक रूप से झिड़कना।

(Humiliate with sharp words)

●

24. Advance, Debt, Loan

Advance : **अग्रिम** (**पेशगी**)—जो देय राशि है, उसमें से अंश पहले से देना।
(To make payment in anticipation)
नोट : उधार देने के अर्थ में भी प्रयोग होता है।

Advance deposit—अग्रिम निक्षेप
Advance tax —अग्रिम कर

Debt : **ऋण**—जो राशि किसी को देय है।
(That which is owed or due)

Debt secured—प्रतिभूत ऋण

Loan : **कर्ज, उधार**—जो राशि किसी से ब्याज पर अथवा बिना ब्याज के कर्ज पर ली गई है।
(Lending)

Loan agreement —उधार-करार
Loan or advance —उधार या अग्रिम

•

25. Advance, Forward, Further, Promote

Advance : **अभिवृद्धि**—लक्ष्य की ओर आगे बढ़ना या उद्देश्य की सिद्धि के लिए अग्रसर होना।
(To improve)

Advancement—अग्रसरण, अभिवर्धन

Forward : **1. आगे बढ़ना/बढ़ाना**—तेज़ी से आगे बढ़ना। युद्ध में विशेष रूप से प्रयुक्त।

2. अग्रेषित करना —किसी कागज, अर्जी आदि को आगे भेजना।
(To send forward)

Forwarding note—प्रेषण टिप्पणी

Further : अग्रसर करना—आगे बढ़ाने में मददगार होना।
(To promote or advance)

Furtherance—अग्रसर करना

Promote : तरक़्क़ी करना, प्रोन्नत करना—तरक़्क़ी प्राप्त कर आगे बढ़ना, सफलता प्राप्त करना।
(To advance in station, rank or honours)

Promote welfare—कल्याण को प्रोन्नत करना
Promotee —प्रोन्नत व्यक्ति
Promotion —तरक़्क़ी, प्रोन्नति, उन्नयन

•

26. Advancement, Development, Evolution, Growth, Improvement, Progress

Advancement : उन्नति—जीवन में तरक़्क़ी/आगे बढ़ना।
(The promotion in life)

Advancement in life—जीवन में उन्नति करना

Development : विकास—किन्हीं साधनों की सहायता से देश/क्षेत्र को आगे बढ़ाना।
(The act, process or result of developing)

Development Block—विकास खंड
Development loan —विकास-उधार

Evolution : क्रम-विकास—किसी जाति/सभ्यता का विकास 'क्रम-विकास' कहलाता है।
(Development of organism, human society, the universe etc.)

Growth : वृद्धि—पहले से प्राप्त वस्तु-मात्रा में आधिक्य।
(Increase in size or value)

Improvement : 1. उन्नयन—1. पहले से प्राप्त साधनों में बढ़ोत्तरी।
(A permanent addition to real property)

2. सुधार —2. पहले से चली आ रही प्रक्रिया/पद्धति में परिवर्तन।
(Betterment ; enhancement of value or quality)

Improvement Trust—सुधार न्यास

Progress : प्रगति—पूर्ववत् स्थिति से आगे बढ़ना।
(An action of moving forward/onward)

•

27. Advantage, Benefit, Gain, Profit

Advantage : फ़ायदा—किसी भी प्रकार का लाभ होना।
(Benefit/gain of any kind)

Advantage gained —उठाया गया फ़ायदा
Take advantage of —लाभ उठाना

Benefit : 1. हित, लाभ—जो लाभ मिला है।
2. प्रसुविधा —किसी व्यक्ति के लिए कोई सुविधा।
(Anything that is for the good of a person)

Benefit of doubt—संदेह का लाभ
Benefit fund —प्रसुविधा निधि

Gain : अभिलाभ (मुनाफ़ा)—किसी व्यापार में प्राप्त लाभ। कभी-कभी सामान्य रूप से प्रयोग में लाया जाता है—मात्र लाभ (फ़ायदा) के अर्थ में।
(Profit ; acquisition of wealth)

Profit : लाभ—किसी भी कार्य के सम्पादन के बाद प्राप्त शुद्ध फ़ायदा।
(Benefit ; pecuniary gain)

Profit earned—उपार्जित लाभ
Net profit —शुद्ध लाभ

नोट : उपर्युक्त सभी अंग्रेजी/हिन्दी शब्दों में विशेष अन्तर नहीं है। केवल बेनीफिट का एक अन्य अर्थ भी है।

•

28. Advice, Caution, Counsel, Warn, Consultation

Advice : सलाह—अपनी जानकारी अथवा लम्बे अनुभवों से प्राप्त ज्ञान के आधार पर किसी को दी गई राय।
(An opinion given or offered as to action)

Adviser—सलाहकार

Caution : 1. सावधान करना,
2. चेतावनी—ख़तरे से पहले से सावधान करना। जान का ख़तरा होने पर यह **लाल** रंग से अंकित किया जाता है।
(The warning against evil of any kind)

Counsel : मन्त्रणा—अच्छी तरह सोच-विचार कर किसी को व्यक्तिगत मामलों में सलाह देना।
(To advise seriously)

Counsellor—परामर्शदाता, काउन्सलर

Warn : चेतावनी देना—आगे आने वाले ख़तरे की पहले से चेतावनी देना। किसी को आगाह कर दंड देने से छोड़ देना।
(To give cautionery notice with regard to action or conduct)

Warning—चेतावनी

Consultation : परामर्श (सलाह-मशविरा)—किसी को किसी विशेष पक्ष पर सलाह-मशविरा देना।
(Taking counsel together)

in consultation with—परामर्श से

•

29. Advise, Caution, Admonish, Counsel, Warning

Advise : राय देना—अपनी जानकारी के आधार पर किसी व्यक्ति/संस्था को राय देना।

(To give advice)
Adviser—सलाहकार

Caution : सावधान करना, सावधानी—ख़तरे से सावधान करना।
[(The taking of heed) a percept or warning against evil of any kind]

Admonish : डाँटना—भूलों से सजग रहने के लिए किसी को डाँटना।
(Express authoritative warning, gentle reproof to a convict in lieu of punishment ; warn against doing what is wrong)

Admonition—भर्त्सना, डाँट

Counsel : परामर्श देना—किसी व्यक्ति को सोच-समझकर विचार करने के बाद परामर्श देना।
(To advise).

Counsellor—परामर्शदाता

Warning : चेतावनी—ख़तरे से बचने के लिए किसी को पहले से सचेत रहने के लिए कहना। दण्ड से बचने के लिए किसी को आगाह करना।
(A previous intimation or threat of impending evil or danger ; an advice to beware of a person or thing)

Warning sign post—चेतावनी स्तम्भ

•

30. Affidavit Oath

Affidavit : शपथ-पत्र (हलफनामा)—स्वयं किसी व्यक्ति द्वारा या किसी व्यक्ति के नाम से दिया गया लिखित अभिकथन।
(A written statement in the name of a person, called the deponent, by whom it is voluntarily signed and sworn to)

Oath : शपथ—किसी की गवाही में दिये गये कथन (बयान) से पूर्व ईश्वर को साक्षी करना।
(A solemn appeal to God in witness that a statement is true or a promise binding)

•

1. Affiliated, Allied, Cognate, Kindred, Related

Affiliated : संबद्ध—किसी के साथ जुड़े रहना। सामान्यत: छोटे और निर्बल का किसी बड़े और सबल के साथ लगे रहना।
(Attached as a member or branch)

Affiliation—संबद्ध किया जाना

Allied : सहबद्ध, संश्रित—सामान्यतः प्रकृति से अथवा गुणों की समानता के कारण सहबद्ध ।

Allied organisation—सहबद्ध संगठन
Allied subject —सहबद्ध विषय

Cognate : समस्रोतीय—किसी एक समान स्रोत से संबंधित । उदाहरणार्थ कन्नड व तेलुगु परस्पर समस्रोतीय भाषाएँ हैं ।
(Descended from the same earlier form)

Kindred : सजातीय—किसी विशेष रक्त से संबंधित ।
(Blood relationship)
रक्त सम्बन्ध

Related : संबंधित—जिनमें परस्पर संबंध हो । नातेदारी । रिश्तों में पास का ।
(Connected)

Relating to—संबंधी
Relation —संबंधी, संबंध

•

32. Affirmation, Confirmation, Authentication, Corroboration, Validation, Verification

Affirmation : प्रतिज्ञान—बिना शपथ लिये कोई घोषणा करना ।
(A solemn declaration without oath)

Affirmative—सकारात्मक

Confirmation : पुष्टिकरण, पुष्टि—किसी कथन, हो सकता है कि नहीं, की पुष्टि होना ।

Confirmation in the grade—श्रेणी में पुष्टि

Authentication : अधिप्रमाणीकरण—प्राधिकारी द्वारा प्रमाणित किया जाना कि सब ठीक है ।
(The act of authenticating)

Authenticated—अधिप्रमाणित

Corroboration : संपुष्टि—एक कथन की पुष्टि किसी अन्य माध्यम से भी की जाए।
(Supporting to concur in testimony)

Validation : अभिपुष्टि, विधिमान्यता—आधिकारिक रूप से दी हुई पुष्टि।
(Making valid)

Validity—विधि मान्यता

Verification : सत्यापन—जाँच-पड़ताल द्वारा किसी बात को सत्य पाना और उसकी सत्यता सिद्ध करना।
(Formal assertion of truth)

•

33. Agenda, Programme

Agenda : कार्यसूची—किसी बैठक (मीटिंग) के लिए विचारार्थ विषय।
(A list of business to be transacted)

Agenda of the meeting—बैठक की कार्यसूची

Programme : कार्यक्रम—किसी उत्सव, महोत्सव में किये जानेवाले/संपादित होनेवाले कार्यों को क्रमानुसार निश्चित करना।

Programme of activities—क्रियाकलापों का कार्यक्रम

•

34. Aggregate, Total, Sum

Aggregate : 1. योग, समष्टि—किसी समूह या संकलन के तथ्यों का सामूहिक योग।
(The sum total)

2. संकलित—सामूहिक योग।
(Collected into one)

Aggregate of the funds—निधियों का योग

Total : कुल जोड़—जितना कुल जुड़कर होता है।

Total amount—कुल रक़म
Total income —कुल आय

Sum : जोड़—संख्याओं को जोड़ने से प्राप्त।
(Total quantity)

•

35. Aggression, Assail, Assault, Attack, Beset, Charge, Incursion, Invasion, Irruption, Onslaught, Raid, Storm

Aggression : आक्रमण—एक स्थान से दूसरे स्थान/राज्य पर आक्रमण।
(Act of beginning war)

Aggressor—आक्रामक

Assail : प्रहार करना, हमला करना—बार-बार, एक से अधिक बार आघात।
(Make hostile attack upon)

Assailant—हमलावर

Assault : हमला, टूट पड़ना—ज़ोरदार प्रहार।
(An onset with hostile intent)

Attack : आक्रमण—विजय/जीत की प्राप्ति के उद्देश्य से किसी पर हमला बोलना।
(The falling upon with force of arms)

Beset : चतुर्मुख आक्रमण, घेर लेना—चारों तरफ़ से आक्रमण कर घेर लेना।
(Encompass)

Charge : धावा—अग्रिम टुकड़ी द्वारा धावा।
(Attack by soldiers)

Incursion : अचानक हमला—अचानक हमला बोल देना।
(Sudden attack/raid)

Invasion : चढ़ाई—एक देश द्वारा दूसरे देश पर चढ़ाई/आक्रमण ।
(Invading)

Irruption : समाक्रमण— एक साथ कई आक्रमण ।
(The action of bursting)

Onslaught : घातक हमला—विरोधियों द्वारा तेज हमला ।
(Fierce attack)

Onslaught of the opponents—विरोधियों के आक्रमण

Raid : छापा—अचानक किसी स्थान पर चढ़ाई कर देना ।
(An invasion of police, an air attack)

Border raids—सीमा छापे

Storm : बर्बरता से धावा बोलना—तूफान की तरह आगे बढ़ते हुए आक्रमण करना और बरबादी करते जाना ।
(Direct assault by troops on fortified place)

•

36. Agitation, Confusion, Chaos, Disarry, Disorder, Disturbance, Movement, Riots, Muddle

Agitation : आन्दोलन—किसी उद्देश्य की प्राप्ति के लिए निरन्तर माँग प्रस्तुत करते रहना ।
(Shaking ; keeping of a matter constantly before public)

Confusion : गड़बड़ी, घपला, संभ्रम—बातों में ऐसी गड़बड़ी जिसमें अलग से पहचानना कठिन हो ।
(Confused state ; tumult)

Chaos : अव्यवस्था, अराजकता—प्रशासन के होते हुए अथवा नष्ट होने पर मचनेवाली गड़बड़ी ।
(Utter confusion)

Disarray : विशृंखलता—व्यवस्था का ऐसा अभाव जिसमें क्रमबद्धता नष्ट हो जाए।
[(Throw into) disorder]

Disorder : गड़बड़ी, अव्यवस्था, अशांति—व्यवस्था का अस्तव्यस्त हो जाना।
(Wrong order, disturbance)

Disturbance : उपद्रव—जब झगड़ा हो जाए।
(Violent agitation in the body politic)

Movement : आंदोलन—किसी उद्देश्य को लेकर किया जानेवाला आंदोलन। यह प्रायः क्रांतिकारी होता है पर महात्मा गांधी जी ने असहयोग का आंदोलन चलाया।
(Combined actions of body of persons for special object)

Riots : दंगा-फसाद, बलवा—जब झगड़ों में मारकाट, आगजनी भी हो जाए।
(An outbreak of active lawlessness)

Muddle : कुव्यवस्था—कुव्यवस्था के कारण होनेवाली गड़बड़ी।
(Mismanage affairs)

•

37. Agreement, Accord, Compromise, Pact, Settlement

Agreement : सहमति, करार—विशेष रूप से दो पक्षों में विवादग्रस्त बातों के बाद शर्तों आदि को मानते हुए जो सहमति होती है।
(Concurrence)

Express agreement —अभिव्यक्त करार
Agreement in writing—लिखित करार

Accord : मतैक्य, सहमति—दो भिन्न-भिन्न सरकारों/पक्षों में होनेवाली मुख्य-मुख्य बातों पर सहमति।
(Consent, mutual agreement)

Compromise : निपटारा, समझौता—कुछ ले-देकर दो पक्षों/विभिन्न पक्षों में किया गया समझौता।
(The agreement of a dispute by concessions on both sides)

Compromise of suit —वाद में समझौता
Compromise petition—समझौते की अर्जी

Pact : संधि, समझौता—दो देशों/राज्यों के मध्य आपसी समझौता।
(Agreement : treaty)

Settlement : बन्दोबस्त,
निपटारा,
समझौता—विशेष रूप से आपसी झगड़े की स्थिति को दूर करने के विचार से किया गया आपसी समझौता।

1. The act of setting property upon a person in particular the terms of such an arrangement —बन्दोबस्त
2. Disposition —निपटारा
3. The act of deciding disputes between parties —समझौता

Settlement period —निपटान की अवधि
Settlement of disputes—विवादों का निपटारा

38. Aid, Assistance, Contribution, Grant, Grant-in-aid, Help, Relief, Subsidy, Subvention, Succour

Aid : सहायता—असहाय अथवा असमर्थ व्यक्ति को दी जानेवाली सहायता।
(Anything helpful, to give support to)

Assistance : मदद—सहायक के रूप में किसी अन्य—बड़े अथवा सहयोगी—व्यक्ति की सहायता करना।
(Help afforded)

Contribution : अंशदान, अभिदाय—दूसरे के साथ स्वयं भी अपना अंश देना।
(Amount so payable, proportionate discharge of liability)

Contributor—अभिदायी

Grant : अनुदान—माँगने पर सरकारी/ग़ैर सरकारी सहायता (आर्थिक हो सकती है) देना।
(Assignment of money out of a fund)

Grant of lease—पट्टा अनुदान

Grant-in-aid : सहायता अनुदान—माँगने पर सरकारी आर्थिक सहायता देना।
(Sum granted esp. by government to schools etc.)

Help : सहायता—किसी प्रयोजन को प्राप्त करने के लिए अथवा किसी कष्ट के निवारण के लिए मदद करना। किसी बड़े की उसके कहने के अनुसार मदद।

Helper—मददगार, सहायक, हेल्पर

Relief : राहत, अनुतोष—मुसीबन में दी जाने वाली सरकारी सहायता।
(Removal of any burden)

Relief Commissioner—राहत आयुक्त

Subsidy : आर्थिक सहायता, सहायकी—आंशिक आर्थिक सहायता।
(Money contributed by State or public body to keep down prices)

Subsidy scheme—सहायकी स्कीम

Subvention : राजकीय सहायता—वह सहायता जो राज्य से मिलती हो।
(Grant of money from government)

Succour : संकट में सहायता देना—संकट में ठीक समय पर उचित सहायता करना।
(To aid in distress)

•

39. Alarm, Awe, Consternation, Fear, Dismay, Fright, Horror, Menace, Panic, Terror, Dread

Alarm : खतरा—ऐसा भय जो आनेवाली विपत्ति का पूर्वानुमान होने पर सहसा होता है।
(Terror arising from a sudden sense of danger)

Awe : आश्चर्यमिश्रित भय—कुछ-कुछ आश्चर्य तथा भय से युक्त भावना पर साथ में आदर भी हो।
(Reverential fear or wonder)

Consternation : सनसनीखेज—जिससे सनसनी फैल जाए।
(Amazement such as to cause mental confusion)

Fear : भय, डर—किसी ख़तरे के उपस्थित होने पर डर।
(Emotion of pain or uneasiness caused by the sense of impending danger)

Dismay : हतोत्साह—मुसीबत के फलस्वरूप मन में उठनेवाला भाव जिससे व्यक्ति हतोत्साहित हो जाता है।
(Reduce to despair)

Fright : अति डरावना, भीति—सहसा जिस भय की भावना घर कर जाए।
(Sudden fear)

Horror : संत्रास—दर्द-भरा डर।
(Painful feeling of loathing and fear)

Menace : भय, भीति—जो भय डरा-धमकाकर उत्पन्न किया जाए।
(Threaten esp. in hostile manner)

Panic : आतंक—अति भय की अवस्था पर मचनेवाली खलबली और भाग-दौड़।

(Excessively hasty through fear)

Terror : दहशत, आतंक—भय की वह स्थिति जो व्यक्ति को जड़ बना देती है।

(Extreme fear)

Terrorist—आतंकवादी

Dread : विभीषिका—किसी स्थान/समय को डरावना मान लेने से जो मन में डर व्याप्त हो जाता है। आतंक से परिपूर्ण भावना।

(Be in great fear of)

•

40. Alert, Careful, Cautious, Circumspect, Discreet, Meticulous, Prudent, Scrupulous, Vigilant, Wakeful

Alert : सजग—मानसिक तथा शारीरिक दृष्टि से सतर्क रहनेवाला।

(Watchful ; lively)

Careful : सावधान—जो बड़े ध्यान से अपना काम करता हो।

(Concerned for ; painstaking)

Careful observance—सावधानी से अनुपालन

Cautious : सतर्क, चौकस—जो आगे आनेवाले ख़तरे से बचने के लिए पहले से अत्यधिक सावधान व सतर्क हो।

(One who has full attention to safety)

Circumspect : चौकन्ना—किसी भी प्रकार की परिस्थिति/परिस्थितियों में सावधान रहनेवाला।

(Taking everything into account)

Discreet : विवेकशील—जो हर समय बुद्धि तथा विवेक से काम करे।

(Judicious)

Meticulous : अति सतर्क—वह, जो हमेशा हर ब्योरे की बात को ध्यान से देखे।
(Very careful, scrupulous about minute details)

Meticulously—पूरी बारीकी से

Prudent : व्यवहार कुशल, सयाना, प्रज्ञायुक्त—व्यावहारिक दृष्टि से प्रत्येक बात में सतर्क रहने वाला।
(Having sound judgement in practical affairs)

Scrupulous : अति सावधान—प्रत्येक बात की सत्यता का पूरा-पूरा ध्यान रखनेवाला।
(Careful to avoid doing wrong ; not neglectful of details)

Vigilant : जागरूक, सतर्क—सब तरह से सावधान रहने वाला।
(Watchful)

Vigilance—सतर्कता

Wakeful (Wary) : चाक चौकस—सशंकित होने के कारण जो हमेशा अति सतर्क रहता हो।
(Very vigilant)

•

41. Allegiance, Devotion, Fidelity, Homage, Loyalty

Allegiance : राजनिष्ठा—शासन, देश व राष्ट्र के प्रति निष्ठा।
(The natural, lawful and faithful obedience that every citizen owes to the State and its constitution)

Devotion : परायणता—किसी कार्य के प्रति पूरी तत्परता से लगना।
(Devoting)

Fidelity : विश्वस्तता, कर्त्तव्यपरायणता—उत्तरदायित्व व विश्वास के प्रति कर्त्तव्यनिष्ठता।
(The quality of being faithful)

Fidelity bond—विश्वस्तता बंधपत्र

Homage : श्रद्धांजलि—किसी बड़े, महान् व्यक्ति का महत्त्व मानते हुए उसके प्रति प्रकट की गई श्रद्धा।
(Acknowledgement of reverence)

Loyalty : निष्ठा, वफ़ादारी—किसी के प्रति वफ़ादार रहने का भाव।
(Unswerving in allegiance)

•

42. Allocation, Allotment, Apportion, Assignment, Earmarking

Allocation : बँटवारा—समस्त राशि को आवश्यकता के अनुसार किसी/किन्हीं प्रयोजन हेतु विनियत करना।
(Assignment to a place)

Allotment : आबंटन, विभाजन—किसी चीज़ का कोई हिस्सा किसी खास राज्य को देना/राज्यों में बाँटना। अखिल भारतीय सेवाओं के अधिकारियों का विभिन्न राज्यों में आवंटन।
(Share allotted to one)

Apportion : प्रभाजन—अनुपात के हिसाब से बाँट देना/अनुभाजन करना।
(To divide and distribute proportionately)

Assignment : समनुदेशन—आधिकारिक रूप से निर्धारित करना।
(The action of assigning)

Assignment in writing—लिखित रूप में समनुदेशन

Earmarking : पृथक्-रक्षण—किसी विशेष आवश्यकता की पूर्ति के लिए पृथक् से सम्हाल कर रख देना।
[Assigning (money etc.) to definite purpose]

•

43. Allowance, Earnings, Emoluments, Fee, Honorarium, Income, Pay, Pension, Remuneration, Salary, Scholarship, Stipend, Wages

Allowance : भत्ता—वेतन के अतिरिक्त अन्य प्रकार का/के भत्ते।
(A sum granted as appropriate for any purpose)

Earnings : कमाई, उपार्जन—विभिन्न प्रकार के किये गये कामों के बदले प्राप्त धनराशि।
(Money earned)

Emoluments : उपलब्धियाँ—विभिन्न क्षेत्र में किये गये कार्यों का सामूहिक आकलन। कार्य के बदले कार्यालय से प्राप्त कुछ धनराशि।
(Profits/perquisites from office/employment)

Fee : फ़ीस—किसी प्रकार की शैक्षिक/व्यावसायिक सेवा के लिए दिया जानेवाला धन। कई प्रकार की होने के कारण हिन्दी में बहुवचन रूप का ही प्रयोग होने लगा।
(Sum payable to—)

Honorarium : मानदेय—किसी अच्छे कार्य के बदले में दी गई मान के रूप में धनराशि।
(A voluntary fee paid especially to a professional man for his services)

Income : आय, आमदनी—वेतन, गृह, अन्य कार्यों से प्राप्त धन।
(That which comes in as the periodical produce of one's work/business/land/investments)

Pay : वेतन—किसी को काम के बदले दी जाने वाली नियमित धनराशि। यह मजदूर को भी दी जा सकती है।
(All sums payable to a man in respect of his services)

Pension : पेंशन—अवकाश प्राप्ति के बाद नियमित रूप से दी जानेवाली धनराशि। अब सरकार वृद्धों को भी इस प्रकार की पेंशन देने लगी है।
(Regular payment in consideration of past services)

Remuneration : पारिश्रमिक—किसी/किन्हीं कार्यों के बदले में हिसाब से दी गई धनराशि।
(Payment for services rendered or work done)

Salary : वेतन—किसी निश्चित अवधि के बाद की गई सेवा के लिए दी जाने वाली धनराशि। भारतवर्ष में प्रायः एक माह के बाद दी जाती है।
(Fixed payment made periodically to a person for regular work)

Scholarship : छात्रवृत्ति, (वज़ीफ़ा)—पढ़ाई के लिए दी जानेवाली मासिक/वार्षिक धनराशि।
(An aid granted to a scholar)

Stipend : वृत्तिका—नियमित रूप से मिलनेवाली धनराशि जो किसी भी कार्य के बदले दी जाती है पर सामान्यतः इसका प्रयोग अध्ययनार्थ दी गई राशि के लिए होता है।
(A fixed periodical payment of any kind)

Wages : मजदूरी—प्रतिदिन या सप्ताह के प्रतिदिन के हिसाब से दी जानेवाली धनराशि।
(A compensation given to a hired person for his or her service)

•

44. Alteration, Change, Conversion, Modification, Mutation, Reshuffling, Transformation, Variation

Alteration : फेरबदल—किसी वस्तु में इस प्रकार परिवर्तन करना जिससे उसका मूल स्वरूप अपरिवर्तित रहे।
(A modification or change made in altering anything)

Change : परिवर्तन, तब्दीली—बदल देना, कोई बड़ा परिवर्तन करना।
(The fact of changing)

Change of title—नाम परिवर्तन

Conversion : संपरिवर्तन—किसी वस्तु को किसी अन्य उपयोग के लिए बदल लेना।
(The action of converting)

Modification : उपांतरण (तरमीम)—मूल में थोड़ा-बहुत परिवर्तन करना।
(A change which introduces new elements into the details but leaves the general purpose and effect of the subject matter intact)

Mutation : नामान्तरण (दाखिल खारिज)—मूल में विशेष अन्तर करना।
(A significant and basic alteration)

Reshuffling : पुनर्गठन, रद्दोबदल—किन्हीं कारणों से कुछ व्यक्तियों को हटाकर कुछ नये व्यक्तियों को ले लेना ।
(Interchanging posts of Government ministers)

Transformation : रूपान्तरण—उसी वस्तु का रूप बदलना ।
(Being transformed)

Variation : फेरफार, अन्तर—किसी चीज का स्वरूप बदल देना, बीच में ही अपने ढंग से बदलना ।
(The act of varying)

•

45. Ambitious, Aspiring, Emulous, Enterprising

Ambitious : महत्त्वाकांक्षी—वह जो किसी महत्त्वपूर्ण पद, वस्तु पाने के लिए इच्छुक ही नहीं, प्रयत्नशील भी रहे ।
(Full of ambition ; strongly desirous)

Aspiring : उच्चाकांक्षी—साधारणतः ऐसा पद, स्थान आदि पाना चाहे जो उसकी पहुँच में न हो ।
(Desiring earnestly ; rising high)

Emulous : यशाकांक्षी—वह जो दूसरे से आगे बढ़ जाने की इच्छा रखे ।
(Eagerly imitative of ; actuated by spirit of rivalry)

Enterprising : उद्यमी—वह व्यक्ति जो साहसी हो और किसी भी काम को करने के लिए तैयार रहे ।
(Showing courage/imaginativeness)

Enterprise (business concern)—उद्यम

•

46. Amenable, Abide by, Adherence, Docile, Compliance, Obedience, Submissive

Amenable : विनम्र—वह जिसमें जल्दी से दूसरे की बात मान लेने की आदत हो बशर्ते विधिमान्य हो।

[—of persons—responsible (to law), willing to be guided by]

Abide by : पालन करना—जो अपने अधिकारी/अधिकारियों द्वारा दी गई आज्ञाओं का नियमों में रहते हुए पालन करे।

(Remain faithful to ; act upon—terms, promise)

Adherence : अनुसरण—वह जो निरन्तर नियमों का पालन करे।

[Adherence to (rule)]

Docile : दब्बू—जो दूसरों की बात बिना विरोध के मान ले। आज्ञा/नियन्त्रण का बिल्कुल विरोध न करे।

(Easily managed, easily controlled)

Compliance : अनुपालन—जो आदेश दिये गये हैं उनका पालन करना।

(Acting in accordance with a desire, condition etc.)

Obedience : आज्ञापालन—बड़ों/अधिकारियों की आज्ञा मानना।

(The action or practice of obeying)

Obedient—आज्ञाकारी

Submissive : विनम्र—वह जिसमें बड़ों/अधिकारियों के प्रति समर्पण भावना हो।

(Humble, obedient ; yielding to power or authority)

•

47. Answer, Rejoinder, Reply, Respond, Response, Retort

Answer : उत्तर (जवाब)—औपचारिक रूप से पद की दृष्टि से किसी के पत्र, प्रश्न के विषय में कहना/उत्तर देना।
(Something said or written in reply)

Answer to a charge—आरोप का उत्तर देना

Rejoinder : प्रत्युत्तर—किसी दूसरे पक्ष से प्राप्त उत्तर का प्रत्युत्तर देना, आपत्तियों का उत्तर देना।
(What is rejoined or said in reply)

Reply : उत्तर—किसी के प्रश्न/पत्र को पढ़कर संतोष दिलाते हुए ठीक-ठीक कहना/लिखना।
(Make answer)

Respond : प्रतिक्रियास्वरूप—किसी के द्वारा प्राप्त पत्र की प्रतिक्रिया के रूप में जवाब लिखना।
(Answer in response to)

Respondent—प्रत्यर्थी

Response : उत्तर—किसी पत्र के संदर्भ में उसके अनुसार उत्तर देना।
(Answer given in word or act)

Retort : मुँहतोड़ उत्तर—किसी के जवाब में मुँहतोड़ कड़ा पत्र लिखना।
(Repay—humiliation, insult, attack—in kind)

•

48. Apparent, Clear, Conspicuous, Distinct, Evident, Manifest, Obvious, Palpable, Visible

Apparent : प्रत्यक्ष, प्रकट—जिसका पूर्वाभास सामने साफ़ दिखाई दे रहा है। भासित।
(Obvious to eye or mind)

Apparent on its face—उसके देखने से ही प्रकट

Clear : स्पष्ट, साफ़—जो इतना स्पष्ट हो कि किसी प्रकार की उलझन, दुविधा नहीं दिखाई देती हो।
(Mentioning in clear manner)

Clear and accurate—स्पष्ट और सही

Conspicuous : सहज दृश्य—जो आँखों को स्पष्ट-साफ़ दिखाई दे रहा हो।
(Clearly visible, obvious or striking to the eye)

Distinct : सुस्पष्ट, सुभिन्न—इतना अधिक स्पष्ट कि बारीक से बारीक बात साफ हो/दिखाई देती हो।
(Not confounded with each other or with something else)

Distinct claim—सुभिन्न दावा

Evident : सुव्यक्त, स्पष्ट—जो इतना अधिक व्यक्त व स्पष्ट हो, कि उसका ज्ञान सरलता से हो जाए।
(Obvious to eye or mind)

Evident advantage—सुव्यक्त भलाई

Manifest : व्यक्त—जो समझ में तुरन्त जल्दी से आने योग्य हो।
(To indicate)

Manifest violation—प्रकट अतिक्रमण
Manifestation —अभिव्यक्ति

Obvious : **स्पष्ट रूप से**—जो प्रत्येक की समझ में आ जाए इतना स्पष्ट रूप से कहा/लिखा गया हो।
(Clearly perceptible)

Obvious error —स्पष्ट गलती
Obvious mistake —स्पष्ट भूल

Palpable : **प्रतीयमान**—इंद्रियों द्वारा अनुभव किया जाने वाला।
(That can be touched or felt)

Visible : **दृश्य, दृश्यमान**—जो सामने स्पष्ट दिखाई दे रहा है।
(That can be seen by the eye)

Visible form —दृश्य रूप
Visible representation—दृश्य रूपण

•

49. Appeal, Application, Petition, Plead, Prayer, Request, Sue, Supplicate

Appeal : **अपील**—किसी उच्च अधिकारी या उच्च न्यायाधीश से अत्यन्त आवश्यक प्रार्थना करना। निचली अदालत के निर्णय की फिर से सुनवाई कराना।
(A call for help, a proceeding taken before a superior court for reversing or modifying decision)

Application : **आवेदनपत्र (अर्ज़ी)**—किसी स्थान को प्राप्त करने के लिए दी गई अर्ज़ी/कोई भी लिखित याचिका/प्रार्थनापत्र।
(A petition or request)

Petition : याचिका, अर्ज़ी—किसी अधिकारी/न्यायाधीश को लिखित याचिका देना।

(A document embodying formal written request)

Petition of appeal—-अपील की अर्ज़ी

Plead : पक्ष-समर्थन में अभिवचन करना—किसी एक पक्ष के विषय के समर्थन में अपना निवेदन प्रस्तुत करना।

(To state and argue a case)

Prayer : प्रार्थना—सामान्य रूप से किया गया निवेदन। विशेषतः अपने इष्टदेव के समक्ष प्रार्थना की जाती है।

(Solemn request or thanksgiving to God)

Request : अनुरोध, निवेदन—आग्रह सहित निवेदन।

(To ask or ask for something)

Sue : औपचारिक निवेदन, मुकदमा (वाद) चलाना—विधिवत् अपनी प्रार्थना-निवेदन, मुकदमा प्रारंभ करने के लिए प्रस्तुत करना।

(To institute a suit)

Supplicate : नम्र निवेदन—नम्रता के साथ झुककर निवेदन प्रस्तुत करना।

(Make humble petition to or to person)

•

50. Appeasement, Conciliation, Gratification, Pacification

Appeasement : तुष्टीकरण—किसी को प्रसन्न करने की बात।

(Trying to conciliate or bribe by making concessions)

Appeasement policy—तुष्टीकरण की नीति

Conciliation : समाधान, सुलह—दो पक्षों में आपस में सुलह/समाधान की प्रक्रिया।
(Reconcilement)

Conciliation Officer —सुलह अधिकारी
Board of conciliation—सुलह बोर्ड

Gratification : परितोषण—जो सुखद साथ ही संतोषजनक हा।
(A reward, recompense)

Pecuniary gratification—धन संबंधी परितोषण

Pacification : शमन, शान्त करना—दो पक्षों के मध्य विवाद को शान्त कर शमन करना।
(Being pacified)

•

51. Applicant, Aspirant, Candidate, Nominee

Applicant : आवेदक—वह, जो प्रार्थनापत्र देता है।
(One who applies)

Aspirant : इच्छुक—वह, जो कुछ पद, स्थान, वस्तु प्राप्त करने में अत्यधिक इच्छुक है।
(One who aspires—to, after, for)

Candidate : प्रत्याशी, अभ्यर्थी, उम्मीदवार—वह जो किसी पद, स्थान, सम्मान प्राप्त करने के लिए अपने को स्वयं प्रस्तुत करे अथवा किसी के द्वारा।
(One who seeks or offers himself, or is put forward by others for an office, privilege or honour)

Candidature—उम्मीदवारी

Nominee : नामंकिती, नामनिर्देशिती—वह जिसका नाम किसी पद, स्थान के लिए निर्देशित किया जाए।
(A person named for any office, duty or position)

Nomination—नामांकन, नामनिर्देशन

•

52. Apprehend, Arrest, Captivate, Capture, Confine, Detain, Imprison, Nab, Catch

Apprehend : हिरासत में लेना, पकड़ना—कानून के अनुसार हिरासत में लेना।
(To seize in the name of law, to lay hold upon)

Apprehend without warrant—वारंट के बिना पकड़ना

Arrest : गिरफ़्तार करना—पकड़कर बन्द कर लेना।
(To make an arrest)

Arrest without warrant—वारंट के बिना गिरफ़्तार करना

Captivate : बंधुआ बनाना—किसी को जबरन अपने अधिकार में रखे रहना।
(Fascinate, charm)

Captivity—बंधुआ हालत

Capture : (बलात् पकड़कर) बन्दी बनाना—ज़बरदस्ती पकड़कर गिरफ़्तार करना।
(The fact of taking forcibly)

Capturing force—पकड़नेवाला बल

Confine : परिरुद्ध करना—किसी विशेष स्थान/सीमा में रखना।
(To keep within circumscribing limits)

Confined place—परिरुद्ध स्थान
Confinement —परिरोध

Detain : निरुद्ध करना—किसी के अधिकार में रहना/रखना।
(To keep in custody)

Detain without warrant—वारंट के बिना निरुद्ध करना

Imprison : क़ैद करना—क़ैद कर जेल में रखना।
(To confine in prison)

Imprisonment for life—आजीवन करावास

Nab : धर दबोचना—अचानक गिरफ़्तार करना, सहसा हिरासत में ले लेना।
(Catch in wrongdoing)

Catch : पकड़ना—होशियारी से पीछा करके पकड़ना।
(Hold of)

Catching—पकड़ना

•

53. Apprehension, Fear, Fright, Misgiving, Presentiment

Apprehension : आशंका, अंदेशा—ऐसा भय जो हर समय दिमाग़ पर छाया रहता है जिससे चिन्ता बनी रहती है।
(Anticipation, chiefly of a thing adverse)

Apprehension of danger—संकट की आशंका

Fear : डर, भय—किसी ख़तरे के उपस्थित होने पर डर।
(Emotion of pain or uneasiness caused by the sense of impending danger)

Fright : अति डरावना, भीति—सहसा जिस भय की भावना आ जाए।
(Sudden fear ; violent terror)

Misgiving : संशय—अविश्वास (विश्वासघात हो चुका हो तो और अधिक) के कारण बना रहनेवाला संशय।
(Feeling of mistrust)

Presentiment : पूर्वाभास—आगे होनेवाली घटना का पहले से पूर्वानुमान।
(Vague expectation)

•

54. Approve, Confirm, Recommend, Certify, Ratify, Sanction, Endorse

Approve : अनुमोदन करना—संतुष्ट होकर स्वीकृति प्रदान करना।
(To accept as good for the purpose intended)

Approval —अनुमोदन
Approved —अनुमोदित

Confirm : पुष्टि करना—आधिकारिक रूप से किसी व्यक्ति/बात की पुष्टि करना।
(To render valid by formal assent)

Confirm the transfer —ट्रान्सफ़र की पुष्टि करना
Confirmation —पुष्टिकरण, पुष्टीकरण

Recommend : सिफ़ारिश करना—किसी की तारीफ़ के कारण अथवा गुण के कारण उसके पक्ष में समर्थन देना।
(To commend)

Recommendation—सिफ़ारिश (संस्तुति)

Certify : प्रमाणित (तसदीक) करना—किसी चीज़ के ठीक होने को प्रमाणित करना ।
(To testify in writing)

Certification—प्रमाणन
Certified —प्रमाणित

Ratify : अनुसमर्थन करना—किसी के कार्य को आधिकारिक स्वीकृति देना ।
(To make valid by giving consent, formal sanction)

Sanction : मंजूरी, संस्वीकृति—अधिकार के साथ स्वीकृत होने पर मंजूरी प्रदान करना ।
(An express authorisation, permission or recognition)

Sanctioning authority—मंजूरी प्राधिकारी

Endorse : पृष्ठांकन करना, समर्थन करना—स्वीकार कर समर्थन देना । उसको ही अपनी ओर से कुछ लिखकर भेजना ।
(To make an endorsement)

Endorsee —पृष्ठांकिती
Endorsed —पृष्ठांकित
Endorsement —पृष्ठांकन, समर्थन

•

55. Area, Beat, Block, Circle, Division, Range, Subrange, Section, Sub-division

Area : क्षेत्र—भूमि का कोई निश्चित दूरी तक भाग ।
(A particular extent of surface range)

Area of supply —प्रदाय क्षेत्र
Area development—क्षेत्रीय विकास

Beat : हलका—किसी नगर का कोई खंड जिसका कार्य सौंपा गया है। विशेषतः डाक-विभाग, कर-विभाग में प्रयुक्त।
(Path or course regularly used or taken)

Block : खण्ड—प्रशासन की सुविधा के लिए कोई निश्चित क्षेत्र, विशेषतः विकास के संदर्भ में।
(A connective group)

Block Development—खण्ड विकास

Circle : इलाका (सर्किल)—प्रशासन की सुविधा के लिए कोई निश्चित क्षेत्र, विशेषतः पुलिस के संदर्भ में।
(Roundish enclosure, ring)

Circle inspector—इलाका (सर्किल) निरीक्षक

Division : प्रभाग, [प्र + भाग]—किसी प्रशासनिक सुविधा के लिए बनाया गया विशेष भू-भाग।
मंडल—एक ही वर्ग के कई विभागों का समूह।
[(A portion) of a country as marked for some administrative or other purposes]

Divisional—मंडलीय, प्रभागीय

Range : रेंज—प्रशासन की सुविधा के लिए कोई निश्चित किया गया क्षेत्र, विशेषतः वन-विभाग में।
(Area included in)

Range warder—रेंज वार्डर

Subrange : उपरेंज—किसी निश्चित रेंज का छोटा भाग/प्रभाग। विशेषतः वन-विभाग में प्रयुक्त।
(Sub + range)

Section : **1. अनुभाग**—[अनु + भाग]—1. किसी विभाग का कोई छोटा अलग हिस्सा जिसका पृथक् से महत्त्व हो।
(One of the parts into which anything may be considered as divided)

2. धारा —2. किसी विधि का उप प्रभाग।
(A subdivision of a statute)

Section officer—अनुभाग अधिकारी
Sectional —अनुभागीय

Sub-section : **उपधारा**—किसी कानून की धारा का कोई भाग।

Sub-division : **उप-प्रभाग, उपखंड**—किसी प्रभाग, मंडल, खंड का छोटा हिस्सा।

Sub Divisional Magistrate—उपखण्ड मजिस्ट्रेट

Department : **विभाग**—[वि + भाग] किसी मंत्रालय/निदेशालय/कार्यालय का कार्य की दृष्टि से कोई क्रियाक्षेत्र।
(One of the separate divisions or branches of state or municipal administration)

Currency department—करेंसी विभाग
Departmental —विभागीय

•

56. Artificial, Bogus, Counterfeit, Fake, False, Imitation, Spurious

Artificial : **कृत्रिम**—प्राकृतिक या वास्तविक के स्थान पर निर्मित।
(As a substitute for, what is natural or real)

Artificial pressure—कृत्रिम दबाव
Artificially —कृत्रिम रूप से

Bogus : जाली, मिथ्या—मूल की नक़ल कर दूसरों को धोखा देने के लिए असली जैसा बना हुआ हो ।
(Fictitious)

Bogus transaction—मिथ्या संव्यवहार

Counterfeit : खोटा, जाली, कूटकरण— नक़ली, खोटा सिक्का ।
(To make a fraudulent copy or replica of—something of value such as coin)

Counterfeit note—कूटकृत नोट

Fake : अवैध—जो वैध नहीं है । एकदम जाली । धोखा देने के लिए बदल देना ।
(Alter so as to deceive)

False : मिथ्या, झूठा, भ्रान्त—जो असली के अनुकरण पर बना हुआ हो ।
(Deceptive, not corresponding to truth)

False account — मिथ्या वृत्तान्त
False charge — मिथ्या आरोप

Imitation : नक़ली, अनुकृति—किसी वस्तु की हू-ब-हू नक़ल ।
(An artificial likeness)

Imitation firearm—नकली अग्नि-आयुध

Spurious : बनावटी—इस प्रकार बदल लेना कि धोखा हो जाए ।
(Alter so as to deceive)

•

57. Assertion, Attestation, Averment, Deposition, Evidence, Proof, Statement, Testimony, Witness

Assertion : प्राख्यान—किसी चीज़/बात पर विशेष जोर देना ।
(The thing asserted)

Assertion of right—अधिकार का प्राख्यान

Attestation : अनुप्रमाणन (तसदीक़)—सबूत या साक्ष्य द्वारा किसी बात का अनुप्रमाणन।

(The proof or evidence by which something is attested)

Attested—अनुप्रमाणित

Averment : प्रकथन—प्र + कथन।

(The action of averring)

Averment of the performance—पालन का प्रकथन

Deposition : अभिसाक्ष्य—किसी अदालत/न्यायालय में शपथ लेकर किसी के प्रति परिसाक्ष्य प्रस्तुत करना।

(The giving of testimony upon oath in a court of law)

Deposition of witness—साथियों का अभिसाक्ष्य

Evidence : साक्ष्य—गवाह का कथन—गवाही।

(That which ; a court of justice is permitted by law to take into consideration for making clear)

Documentary evidence—दस्तावेजी साक्ष्य

Proof : सबूत—किसी मामले में तर्कों के साथ कोई प्रमाण प्रस्तुत करना।

(Any thing which serves either immediately or mediately to convince the mind of truth or falsehood of a fact)

Conclusive proof—निश्चायक सबूत

Statement : कथन (बयान)—जो घोषित रूप में कहा जाए।

(Something that is stated)

Statement of the facts—तथ्यों का कथन

Testimony : परिसाक्ष्य—मौखिक रूप से साक्ष्य प्रस्तुत करना।

(The statement made by a witness under oath)

Witness : साक्षी (गवाह)—जो गवाही (साक्ष्य) प्रस्तुत करे।
(One who gives or is to give evidence in a cause)

Witness box —साक्षी कठघरा
Witness in attendance —हाजिर साक्षी

●

58. Assertive, Aggressive, Bold, Courageous, Dauntless, Fearless, Militant, Pushing

Assertive : स्वाग्रही—अपना मत/अधिकार हठ के साथ प्रस्तुत करनेवाला।
(Tending to assert oneself)

Aggressive : आक्रामक—दृढ़ता के साथ अपने लक्ष्य को प्राप्त करनेवाला।
(Offensive)

Bold : निर्भीक—जो बिना किसी डर के स्पष्टता से अपनी बात रख दे।
(Courageous, forward)

Courageous : साहसी—साहसयुक्त व्यक्ति।
(A man who meets danger without any hesitation)

Dauntless : बेधड़क—निधड़क होकर कह देनेवाला।
(Persevering)

Fearless : निर्भय, निडर—बिना भय (डर) के कार्य करनेवाला।
(Without the sense of impending danger)

Militant : लड़ाकू—लड़ने की इच्छा रखनेवाला।
(Aggressively active)

Pushing : **उत्साही, उद्यमी**—आगे बढ़कर, कभी-कभी जबरदस्ती भी, अपना कार्य सिद्ध करने में सक्षम।
(Making vigorious efforts to advance oneself in)

•

59. Assessment, Cess, Custom, Duty, Excise, Impost, Levy, Octroi, Rent, Tariff, Tax, Toll

Assessment : **कर-निर्धारण**—किसी आय/जायदाद का मूल्यांकन कर कर-निर्धारण।
(Official valuation of property or income for purpose of taxation)

Assessment year—निर्धारण वर्ष

Cess : **उपकर**—किसी मुख्य कर के बाद/साथ लगाया कर।
(An assessment, tax)

Custom : **सीमाशुल्क**—आयात-निर्यात पर लगाया जानेवाला शुल्क।
(Duties on exports and imports)

Custom House—सीमाशुल्क सदन

Duty : **शुल्क**—किसी वस्तु पर लगाया गया शुल्क।
(A levy)

Duty of excise—उत्पाद शुल्क

Excise : **उत्पाद शुल्क (आबकारी)**—किसी घरेलू वस्तु पर बेचने से पूर्व लगा, शुल्क।
(A duty charged on home goods before their sale)

Excise laws—उत्पाद शुल्क विधियाँ

Impost : **महसूल, लाग**—घरेलू कर।
(A tax, duty)

Levy : उद्ग्रहण (लेवी)—मूल्यांकन/निर्धारण के बाद इकट्ठा किया गया।
(The imposition or collection of an assessment, tax etc.)

Levy taxation—कर का उद्ग्रहण

Octroi : चुंगी—किसी शहर/नगरपालिका में लाने पर लगाया गया कर।
(A tax on commodities brought into a town or city, Municipal customs)

Rent : किराया, लगान (कृषि में)—किरायेदार या भूमि-अधिकार के बदले दिया गया धन।
(A return made by a tenant or occupant of land)

Rent controller—किराया नियंत्रक

Tariff : प्रशुल्क (टैरिफ)—आयात या निर्यात पर दिया जानेवाला शुल्क।
(Duties paid on imports or exports)

Tariff value—टैरिफ मूल्य

Tax : कर—सरकार द्वारा किसी व्यक्ति, आय आदि पर लगाया अनिवार्य कर।
(A compulsory contribution to the support of the government levied on persons, income etc.)

Toll : पथकर (टॉल)—किसी महत्त्वपूर्ण—धार्मिक/पर्यटन/पुल आदि में प्रवेश करने से पूर्व लगाया गया कर।
(Tax paid for use of market, public road etc.)

Toll-gate—पथकर द्वार

●

60. Assiduous, Busy, Diligent, Engaged, Engrossed, Industrious, Occupied, Sedulous

Assiduous : श्रमशील—ऐसा काम जिसमें कठोर श्रम करते हुए लगा है।
(Persevering, diligent)

Busy : व्यस्त—अत्यधिक काम में लगा हुआ, अवकाश नहीं।
(Working, engaged, with attention concentrated)

Delegent : अध्यवसायी—जो भी काम हो, उसमें पूरी लगन के साथ जुटा हुआ।
(One who works with diligence, attentive to duties)

Engaged : लगे हुए (संलग्न)—जो पहले से काम में लगा है, खाली नहीं।
(With business, unavailable because already in use)

Engaged in business —कारबार में लगा हुआ
Engaged in the practice —अभ्यास में लगा हुआ

Engrossed : लीन—काम में पूरी तरह डूबा हुआ।
[Fully occupied (person, his attention, time)]

Industrious : परिश्रमी—कोई भी काम हो उसमें मेहनत से जुटा रहनेवाला।
(Hard-working)

Occupied : कार्यरत—काम में लगा हुआ।
(keep busy with or in thing or doing)

Sedulous : उद्योगी—निरन्तर काम में लगे रहनेवाला।
(Persevering, consciously continued, painstaking)

•

61. Assumption, Hypothesis, Postulation, Presumption, Presupposition, Conjecture, Guess

Assumption : कल्पना— कल्पना के आधार पर कोई धारणा बना लेना।
धारणा —मात्र मानकर चलना।
(The action of assuming)

Assumed—कल्पित

Hypothesis : प्राक्कल्पना—किसी चीज़ को सिद्ध करने से पूर्व उसके बारे में कल्पना कर लेना।
परिकल्पना—विचार-विमर्श के लिए कही हुई बात।
(Supposition made as basis for reasoning)

Postulation : पूर्वधारणा—ऐसी बात को मान लेना जिसका कोई प्रमाण नहीं है।
(Thing claimed or assumed as basis of reasoning)

Presumption : प्रकल्पना, उपधारणा—सत्य समझकर विशेष रूप से कल्पना कर लेना।
(Presumption is a conclusion or inference as the truth of some fact in question)

Presumption of fact—तथ्य की उपधारणा

Presupposition : पूर्वमान्यता—ऐसी बात की कल्पना कर लेना जिसके आधार पर तर्क करना है।
(Thing assumed beforehand as basis of argument)

Conjecture : अनुमान—कुछ-कुछ आभास मिल जाने पर लगाया गया अनुमान।
(Make guess)

Guess : अटकल—संयोग से होनेवाला अनुमान जो प्राय: ठीक हो।
(Think likely ; estimate without detailed calculation)

•

62. Attachment, Confiscation, Decree, Forfeiture, Seizure

Attachment : कुर्की—किसी भी सामान/जायदाद को कुर्क करने का आदेश।
(The action of attaching or the fact of being attached)

Attachment before judgement—निर्णय के पहले कुर्की
Attached —कुर्क की गई

Confiscation : अधिहरण—पेनल्टी के आधार पर किसी प्राइवेट सम्पत्ति को जब्त कर लेना।
(The action of confiscating or fact of being confiscated)

Confiscate—अधिहरण करना

Decree : डिगरी, डिक्री—न्यायालय (अदालत) द्वारा दिया गया निर्णय जिसकी विधिसम्मत मान्यता होती है।
(To pass a decree)

Decree for ejectment—बेदखली के लिए डिक्री
Decree for damages —नुकसानी की डिक्री
Decree-holder —डिक्रीदार/डिक्री का धारक

Forfeiture : समपहरण (जब्ती)—किसी वस्तु/भूभाग/धन का शर्तों के तोड़ने पर अधिकार खो बैठना।
(The action of forfeiting or the fact of being forfeited)

Forfeiture of property—सम्पत्ति का समपहरण
Forfeited —समपहृत

Seizure : अभिग्रहण (कब्जा)—[अभि+ग्रहण] अवैध रूप से लेकर जानेवाली वस्तु को पकड़ कर कब्जे में कर लेना।
(The action of seizing)

Seiz(ure)ing the property—सम्पत्ति का अभिग्रहण
Seizer —अभिग्रहण करनेवाला

•

63. Authentic, Bonafide, Genuine, Veritable

Authentic : अधिप्रमाणित, प्रामाणिक—विभिन्न तथ्यों के आधार पर जिस पर प्रामाणिक होने का विश्वास किया जा सके।
(Legal validity to)

Authentication—अधिप्रमाणन
Authenticated —अधिप्रमाणित

Bonafide : वास्तविक (असली)—सदाशयी, जिस पर असली होने का विश्वास हो।
(Genuine, sincere)

Bona fide baggage—वास्तविक यात्री-सामान
Bona fide resident—वास्तविक निवासी

Genuine : विशुद्ध—1. जिसमें कोई मिलावट न हो।
असली—2. जिसकी वास्तविकता में कोई सन्देह न हो।
(Not spurious or counterfeit)

Genuine firm—असली फ़र्म
Genuineness —विशुद्धता, असलीपन

Veritable : विश्वासपूर्ण—सत्यता के साथ विश्वासपूर्ण।
(Real, rightly named)

•

64. Authority, Command, Control, Power, Jurisdiction, Right, Title, Sway

Authority : प्राधिकार—पद से प्राप्त विशेष अधिकार।
(An official/legal power to do an act given by one man to another)

Assessing authority—निर्धारण प्राधिकारी
Person in authority—प्राधिकारवान व्यक्ति

Command : समादेश—ऐसा विशेष अधिकार जिसका शक्ति के साथ पालन कराया जा सके।
(An authoritative order, mandate, injunction)

Being in command—समादेशन करते हुए

Control : नियंत्रण—नियंत्रित करने का अधिकार।
(Power to check/restrain ; to regulate ; to govern)

Control of goods—माल पर नियंत्रण
Controlled —नियंत्रित
Controller —नियंत्रक

Power : शक्ति—ऐसा अधिकार जो मान्य हो और माना जाए।
(Ability conferred upon a person by law to alter, by his own will directed to that end, the rights, duties etc. either of himself or other persons)

In his power —उसकी शक्ति में
Power of revision —पुनरीक्षण की शक्ति

Jurisdiction : अधिकारक्षेत्र, क्षेत्राधिकार—किसी विशिष्ट सीमा में काम करने का अधिकार।
(Legal authority or power ; the area over which the power of the court extends)

Appelate jurisdiction—अपीली अधिकारिता

Right : अधिकार—सामान्य अधिकार जो सामान्यतः नैसर्गिक रूप से अथवा संविधान से प्राप्त है।
(A claim to any subject matter whatsoever)

Legal right —वैध अधिकार
Right of appeal—अपील का अधिकार

Title : हक़—आगे कुछ पाने का अधिकार।
(A legal right)

Title deed—हक़ विलेख

Sway : दबदबा—मनचाही दिशा में बहा ले चलने की शक्ति।
(Have influence over)

•

65. Average, Mean, Median, Norm

Average : औसत—वह भागफल जो कई संख्याओं को जोड़कर और उनके जोड़ में उसी इकाई से भाग देने पर प्राप्त होता है।
(An arithmetical mean)

Average amount of profit—औसत लाभ की रकम
Average pay —औसत वेतन

Mean : माध्य, मध्यमान—दो छोरों के ठीक बीचोंबीच।
(Equally distant from two opposites or extremes)

Mean-time—इस समय के बीच

Median : माध्यिका—एक क्रम से लिखी हुई संख्याओं के बीचवाली संख्या।
(Situated in the middle)

Norm : प्रतम, नोर्म—जो किसी देय मान्य स्तर के अनुसार व अनुरूप हो।
(Standard, pattern, type ; standard quantity to be produced or amount of work to be done)

•

66. Award, Arbitration, Decision, Judgement, Mediation, Verdict

Award : 1. पंचाट (पंचनिर्णय)—मध्यस्थता करनेवाले/वालों के द्वारा दिया गया निर्णय।
(A decision given by an arbitrator)

2. अधिनिर्णय —भली प्रकार देखभाल कर निर्णय देना।
(A sentence or decision after examination)

Make award—अधिनिर्णय करना

Arbitration : माध्यस्थम्—एक या अधिक व्यक्तियों द्वारा किसी विवाद में दिया गया निर्णय।
(Determination of a matter in dispute by the judgement of one or more persons)

Arbitration award—माध्यस्थम् पंचाट
Arbitrator —मध्यस्थ

Decision : निर्णय, विनिश्चय—किसी प्रश्न, प्रतिवाद आदि में लिया गया निर्णय।
(The action of deciding a contest, question etc.)

Decision of doubts—शंकाओं पर विनिश्चय

Mediation : मध्यस्थता—सुलह या समझौता कराने के लिए बीच में पकड़कर मध्यस्थता कराना।
[Intervene (between two persons) for purpose of reconciling them]

Verdict : अधिमत—किसी मामले में अथवा किसी विषय पर अन्तिम रूप से किया गया निर्णय।
(A finding, conclusion or judgement upon some matter or subject)

••

B

67. Ban, Prevention, Prohibition, Preclusion, Forbidding, Restriction, Control, Restraint, Binding

Ban : **रोक, वारण**—किसी भी वस्तु, पुस्तक, पद के भरने पर पूरी तरह रोक/पाबंदी।

(Legal, formal or authoritative prohibition)

Banning—वारण, रोक, पाबंदी

Privention : **रोकथाम, निवारण**—पहले से रोकथाम, किसी चीज का निवारण।

(Hindering from doing something)

Prevention of crime —अपराध का निवारण
Prevention of disease —रोग निवारण

Prohibition : 1. **प्रतिषेध**—1. प्राधिकार से रोक देना।

(The action of prohibiting by authority)

2. **नशाबंदी**—2. नशाबंदी (मद्यनिषेध)

(Forbidding by law of the manufacture and sale of intoxicants)

Preclusion : **प्रवारण**—पूर्ववत् कार्रवाई ज्ञात होने पर प्रत्येक प्रकार से रोक देना।

(Closing the door against ; to exclude)

Forbidding : निषेध—किसी भी स्थिति में मना कर दिया जाना।
(To command against ; to prohibit)

Forbidden —निषिद्ध
Forbiddance —निषेध

Restriction : प्रतिबंध—[प्रति+बंध] किसी ऐसे प्रतिबंध को शर्तों में से एक
निर्बन्धन हो, जैसे, इकरारनामे में। निर्बन्धन।
(A limitation placed on the use of real or other property ; confinement within bounds)

Restrictive—प्रतिबंधात्मक, निर्बन्धनात्मक

Control : नियंत्रण—नियंत्रित करने का अधिकार।
(Power to check/restrain ; to regulate)

Control of goods—माल पर नियंत्रण
Controlled —नियंत्रित

Restraint : 1. निग्रह —1. [नि+ग्रह] यह 'संयम' तथा 'दमन' के अर्थ में प्रयुक्त होता है।
(The action of self restraining)
2. अवरोध—2. दूसरों के द्वारा।

Restraint of labour—श्रमिकों का अवरोध

Binding : बंधनकारी, बाध्यकारी—हर हालत में जिसका पालन आवश्यक हो।
(Obligatory ; restrictive, coercive)

●

68. Bodily, Corporal, Physical

Bodily : कायिक, शारीरिक—काया, शरीर से सम्बद्ध।
(Relating to the body)

Bodily distress—कायिक (शारीरिक) कष्ट
Bodily pain —शारीरिक पीड़ा

Corporal : दैहिक—शरीर के मांसल ढाँचे से सम्बद्ध ।
(Of the human body)

Corporal punishment—दैहिक दंड

Physical : शारीरिक—शरीर विज्ञान की दृष्टि से ।
(Of body)

Physical activity —शारीरिक सक्रियता
Physical comfort —शारीरिक सुख

•

69. Bonus, Dividend

Bonus : बोनस—बोनस ।
(A sum paid for services or upon some other consideration but in addition to that which would ordinarily be given. An extra dividend paid out of surplus profits)

Bonus shares—बोनस अंश

Dividend : लाभांश—लाभ में प्राप्त धनराशि का हिस्सा, भाग, अंश ; भागदेय, भागांश ।
(A share of any sum of money, especially profit of a joint stock company, to be divided amongst the shareholders)

Dividend income—लाभांश आय
Dividend fund —लाभांश निधि

•

70. Boundary, Border, Margin, Confines, Frontier, Limit

Boundary : हद, सीमा—चौहद्दी, हद ।
(Limit-line)

Boundary mark —सीमा-चिह्न
Boundary dispute —सीमाविवाद

Border : सीमा—सीमा या उसके साथ लगा हुआ हिस्सा, सीमांत ।
(Boundary or part near it)

Border land —सीमा भूमि
Border Security—सीमा-सुरक्षा

Margin : हाशिया, पार्श्व—ऐसा किनारा जो शेष भाग से स्पष्ट रूप से अलग दिखाई दे । विशेष रूप से कागज में प्रयुक्त ।
(A vertical blank column to the left or right of an area occupied or to be occupied by main body of the printed or written text)

Marginal entry—पार्श्व की प्रविष्टि

Confines : सीमा-प्रदेश—सीमा पर लगा हुआ प्रदेश ।
(Border land)

Frontier : सीमांत—किसी देश की दूसरे देश के साथ लगी सीमाएँ/सीमा ।
(Part of country that borders on another)

Frontier post—सीमांत चौकी

Limit : 1. सीमा —1. किसी भी जगह की सीमा ।
(A boundary line)

Time limit—काल-सीमा

2. मर्यादा, परिसीमा —2. Limitation
3. अवधि —3. Term, duration

Limitation—मर्यादा, कमी
Limited —सीमित, परिसीमित

•

71. Break, Interlude, Intermission, Interval, Pause, Recess, Respite

Break : विराम—आराम, विश्राम का समय।

(Have interval between spells of work)

Break for nursing—पोषण के लिए विराम

Interlude : अंतराल—दो समय या स्थान के बीच का समय या स्थान।

(Intervening time or space of...)

Intermission : अल्पांतर—थियेटर के बीच वह समय जब विराम रहता है।

(Pause ; period of inactivity ; interval in theatre performance)

Interval : मध्यांतर, अंतराल—दो स्थानों के बीच का स्थान ; समय के बीच का अंतराल।

(A space of time between the re-currance of similar conditions ; a space between things)

Interval of time—समय का अंतराल
Interval for rest—विश्राम अंतराल

Pause : विराम—थोड़ी देर को रुकना।

(Temporary stop ; interval of inaction)

Recess : विश्रांति—किसी कार्य में/स्कूल के समय में '**मध्यावकाश**'।

(Temporary cessation from work, vacation, esp. of Parliament or during school-day)

Respite : आराम—आराम के लिए मध्यांतर।

(Interval of rest or relief)

●●

C

72. Calculate, Compute, Count, Estimate, Reckon

Calculate : गणना करना—उच्च गणित की प्रक्रियाओं से मान, मात्रा आदि को ज्ञात करना ; परिकलन करना ।
(To find out by working with numbers)

Calculation of means—साधनों की गणना
Calculator —गणक
Calculation —गणन, परिकलन

Compute : संगणना करना—गणित की प्रक्रियाओं से निश्चित फल निकालना, अभिकलन करना ।
(To determine or ascertain by calculation with mathematical means)

Computation of advance tax—अग्रिम कर की संगणना
Computor —संगणक, कम्प्यूटर
Computation —संगणना, अभिकलन

Count : गिनना—किन्हीं चीज़ों को गिनना ।

नोट : अन्य कई अर्थों में भी प्रयोग में आता है—

1. Act of counting
2. Include
3. Consider, lookupon

Counting—गिनना

Estimate : प्राक्कलन करना, अनुमान करना—विचार कर क़रीब-क़रीब ठीक से किसी की मात्रा अथवा कुछ और को निकालना।
(Valuation ; to fix **a** notion of quantities, numbers)

Estimate by assessee—निर्धारिती द्वारा प्राक्कलन
Estimated —प्राक्कलित
Estimation —अनुमान, प्राक्कलन

Reckon : गिनती करना—गिनती वह भी ज़बानी करना।
[To arrive at or estimate by calculation, to find out (the quantity, number, cost etc.)]

Reckoned as absence—अनुपस्थित गिना जाना।
Reckoning —अनुगणन

•

73 Calculation, Appraisal, Assesment, Computation, Estimation, Evaluation

Calculation : परिकलन—गणितीय पद्धति से मान, मात्रा, प्रतिशत आदि का पता करना।
(Calculating)

Appraisal : मूल्यनिरूपण—किसी मूल्यवान वस्तु को परखकर उसका मूल्य निरूपित करना।
(An act of estimating or evaluating especially by one fitted to judge)

Assesment : मूल्यनिर्धारण, निर्धारण—किसी वस्तु/स्थान/आवास का निश्चित मानदंडों के आधार पर मूल्य निर्धारित करना।
(The action of assessing)

Computation : अभिकलन, संगणना— गणित द्वारा निश्चित अन्तिम फल निकालने का प्रयत्न करना।

Computation of time— समय की संगणना

Estimation : प्राक्कलन, आकलन, अनुमान—लगभग ठीक-ठीक अनुमान लगाकर मात्रा, मान आदि को आँककर रखना।
(Fixation of the notion of quantities, numbers, magnitudes etc. without measurements)

Evaluation : मूल्यांकन—किसी व्यक्ति/पदार्थ के गुणों के आधार पर उसका मूल्य आँकना। कोई व्याख्यान, पाठ्यक्रम कहाँ तक उपयोगी हुआ है, इसको आँकना।
(Process of evaluating or ascertaining the value)

74. Cancel, Efface, Expunge, Invalidate, Nullify, Abolish, Abrogate, Annul, Obliterate, Repeal, Rescind, Revoke

Cancel : रद्द करना, निरस्त—पहले से निश्चित बात या ट्रेन आदि को अमल में न लाकर रद्द घोषित करना।
(Cross out, make void)

Cancel the charge	—आरोप को रद्द करना
Cancel the pardon	— क्षमा को रद्द करना
Cancelled	—रद्द, निरस्त
Cancellation	—निरसन, रद्दकरण

Efface : मिटाना—किसी भी चीज को हटाकर मिटा देना ।
(More widely, to cause to disappear)

Effacing marks—चिह्नों को मिटाना
Effacement —मिटाना

Expunge : निकाल देना—जो लिखा जा चुका है उसके विषय में अपील कर उसे निकाल देना ।
(Erase, omit)

Expunge a proof—सबूत को निकालना

Invalidate : अविधिमान्य करना—जो विधिमान्य था उसको विधित: अमान्य करना ।
(To render invalid)

Invalidation—अविधिमान्य बना देना

Nullify : अकृत करना—जो विधिमान्य था उसको प्रभावशून्य बना देना ।
(Of no validity or effect)

Nullity—अकृतता

Abolish : उन्मूलन करना, उत्सादन करना—किसी प्रथा, स्थिति आदि को सदा के लिए समाप्त कर देना ।
(To put an end to, to demolish or destroy)

Abolition —उन्मूलन
Abolished —उन्मूलित

Abrogate : निराकरण करना—किसी शासक या शासी-निकाय द्वारा रद्द किया जाना ।
(To abolish by official or formal action)

Abrogation—निराकरण
Abrogated —निराकृत

Annul : बातिल करना, निष्प्रभाव करना—अवैध घोषित करना और रद्द करना।
(To make void or of no effect)

Annulment—बातिलकरण

Obliterate : मिटाना, हटाना—किसी भी चीज को मिटा देना। 'इफ़ेस' जैसा ही अर्थ है।
(Efface ; leave no clear traces of)

Repeal : निरसित करना—किसी विधानमंडल अथवा संसद् द्वारा पहले से पारित किसी कानून या उसकी धारा को रद्द करना।
(Abrogation of any law)

Repealed—निरसित करना।

Rescind : विखंडन करना—जो पहले स्वीकृत किया जा चुका है उसे रद्द कर देना।
(To do away with)

Rescind the contract—संविदा को विखंडित करना

Revoke : प्रतिसंहरण करना—किसी व्यक्ति को दिया हुआ कोई विशेष अधिकार रद्द कर वापस लेना।
(To call back)

Revoke the transfer—अन्तरण का प्रतिसंहरण
Revoked —प्रतिसंहृत

•

75. Capitulate, Relent, Succumb, Yield

Capitulate : समर्पित करना—बिना किसी प्रकार के विरोध के अपने को समर्पित कर देना।
[Surrender (on stated conditions)]

Relent : नरम पड़ना—दूसरे के गुस्से, हठ आदि के झुक जाना।
(Become less harsh)

Succumb : दबना—अपनी कमजोरी/कमी के कारण दब जाना।
(Yield to a temptation)

Yield : नत होना—किसी बाहरी/अन्दरूनी दबाव के कारण झुक जाना।
(Give way ; esp. to force, surrender)

•

76. Category, Cadre, Class, Division, Post, Position, Grade, Order, Rank, Status

Category : प्रवर्ग, कोटि—वर्ग, कोटि।
(A class or group or classification of any kind)

Category of amount—रकम का प्रवर्ग
Category of persons —कोटि के व्यक्ति

Cadre : संवर्ग (काडर)—किसी एक निश्चित सेवा का संवर्ग जैसे, भारतीय प्रशासन सेवा का संवर्ग।
(Member of the permanent establishment)

Cadre authority—काडर प्राधिकारी
Cadre strength —काडर/संवर्ग सदस्य संख्या

Class : वर्ग—वर्ग, श्रेणी।
(Order or rank according to which persons or things are arranged or assorted)

Class of persons—वर्ग के व्यक्ति
Class rate —वर्ग रेट
Classified —वर्गीकृत
Classification —वर्गीकरण

Division : 1. खंड, प्रभाग—1. भाग, प्रभाग, खंड, प्रखंड आदि।
2. श्रेणी —2. परीक्षा में श्रेणी।

1. A portion of a country as marked for some political administrative or other purpose

2. A class secured in an examination

Division bench—खंड न्यायपीठ
Division court —खंड न्यायालय
Divisional —प्रभागीय

Post : पद—नौकरी (जॉब) के भाव में।
(A position or appointment)

Post senior —ज्येष्ठ पद
Post substantive —अधिष्ठायी पद
Posting —तैनाती

Position : 1. स्थिति—1. स्थिति, अवस्थिति के अर्थ में।
(Place occupied)
2. पद (ओहदा)—2. नौकरी के अर्थ में/पद।
(Rank, status)

Position in life —जीवन में स्थिति
Position of management—प्रबंध-पद

Grade पदक्रम (ग्रेड), श्रेणी—किसी पंक्ति, श्रेणी में 'डिग्री' के भाव में।
(A degree in the scale of rank, dignity, proficiency)

Inferior grade —अवर श्रेणी
Standard grade —श्रेणी मानक
Grading —श्रेणीकरण
Gradation list —पदक्रम सूची

Order : **क्रम**—अनुक्रम, व्यवस्था के भाव में क्रम।
(Sequence of acts or events)

Alphabetical order —वर्णक्रम
Order of performance—पालन का क्रम

Rank : **पंक्ति (रैंक), दर्जा**—क्रम, व्यवस्था ; श्रेणी, वर्ग ; पद-पदवी के भाव में, दरजा (क्लास) के भाव में भी प्रयुक्त।
(A grade of station or dignity)

Rank not inferior —अनिम्न पंक्ति
Rank of constable—कान्स्टेबल का दर्जा

Status : **हैसियत (प्रास्थिति)**—स्थिति, वह भी महत्त्व की दृष्टि से।
(Legal standing or position of a person ; position or standing in society)

Status of company—कम्पनी की प्रास्थिति
Status quo —यथापूर्व स्थिति

●

77. Cause, Determinant, Motive, Reason

Cause : **कारण, हेतुक**—ऐसी बात जिससे कोई परिणाम उत्पन्न होता हो, कारण।
(That which produces an effect or result ; reason)

Cause and effect—कार्य-कारण
Cause of action —वाद हेतुक

Determinant : **निर्णायक कारण**—किसी परिणाम का निर्णायक कारण, प्रबल कारण।
(Determining ; decisive)

Motive : हेतु—किसी कार्य को करनेवाली हेतु-इच्छा।
(Cause and reason that moves the will and induces action)

Motive or reward—हेतु या इनाम

Reason : **कारण**—तर्कपूर्ण कारण।
(A statement of some fact employed as an argument to justify or condemn some act, prove or disprove some assertion, idea or belief ; a ground for something)

Reason of inability—असमर्थता का कारण
Reason to believe —विश्वास करने का कारण

●

78. Ceremonial, Conventional, Formal, Ritual

Ceremonial : **रस्मी, समारोह संबंधी**—किसी ऐसे समारोह, संस्कार से संबंधित जो किसी विशेष अवसर पर औपचारिक रूप से किया जाता हो।
(Formal rites and ceremonies enjoined by law)

Ceremonial matter—समारोह कार्य

Conventional : **पारम्परिक, परम्परागत**—परम्परा पर आधारित।
(Based on established usage or custom)

Conventional law—परम्परागत विधि

Formal : औपचारिक, यथारीति—चलावा, औपचारिक, समाज में प्रचलित कोई परम्परागत कृत्य।
(Ceremonial, required by convention)

Formal charge—यथारीति आरोप
Formal trial —औपचारिक विचारण
Formality —औपचारिकता

Ritual : धार्मिक कृत्य—धार्मिक दृष्टिकोण से किए जानेवाले सामूहिक कृत्य।
(System of rites ; connected with rites)

•

79. Certificate, Testimonial

Certificate : प्रमाण-पत्र—किसी भी तथ्य/घटना के संबंध में प्रामाणिक पत्र।
(A writing by which an officer or other person bears testimony that a fact has or has not taken place)

Certificate of competency—सक्षमता प्रमाण-पत्र
Certified —प्रमाणित

Testimonial : प्रशंसापत्र, शंसापत्र—किसी की प्रशंसा में अथवा उसके कार्य के बारे में दिया गया पत्र।
(Written statement—to a person's merit, abilities, qualifications etc.)

•

80. Chain, Sequence, Series, Succession

Chain : शृंखला, जंजीर—घटनाओं का क्रम ; लड़ी ; एक-दूसरे से संबंधित विचारों की शृंखला ।
(Number of connected things, events etc.)

Sequence : अनुक्रम—संबंधित घटनाओं का अनुक्रम, सिलसिला, एक के बाद एक का क्रम ।
(Connected line of events)

In sequence—अनुक्रम में

Series : आवलि, क्रम—एक-सी चीजों का एक के वाद वाला क्रम ।
(A sequence, or continued course)

Series of acts —कार्यावलि, कार्यों का क्रम
Series of letters —पत्रों की आवलि

Succession : तांता, उत्तरवर्तन—घटनाएँ, चाहे असम्बद्ध हों ; क्रमिक रूप में ।
(The act or process of following in order of time or place)

•

81. Collect, Assemblage, Caucus, Gathering, Meet, Get together, Meeting, Sitting

Collect : संग्रह करना—किसी एक प्रकार की अथवा एक रुचि की विभिन्न वस्तुएँ एक स्थान पर इकट्ठा करना । एक स्थान पर एक रुचि के व्यक्तियों को इकट्ठा करना ।
(Assemble ; accumulate)

Assemblage : जमाव—किसी विशेष उद्देश्य से इकट्ठा कर जुटाना ।
(Bringing or coming together)

Caucus : गुट, काकस—किसी विशेष व्यक्ति के आगे-पीछे रहकर कुछ राजनीतिक व्यक्ति शक्ति संचित कर लेते हैं।
(System as a political power)

Gathering : जनसमूह—अलग-अलग स्थान से आकर किसी विशेष स्थान पर इकट्ठा होना।
(Assembly ; meeting)

Meet : मिलन—जब किसी एक ही उद्देश्य से विभिन्न स्थानों/राष्ट्रों के व्यक्ति एक स्थान पर भेंट करें।
(Meeting of men or athletes)

Get together : एकत्र होना, सम्मिलन—किसी विशेष उद्देश्य से आपस में मिलना।
(Unite in discussion, promotion of plan)

Meeting : बैठक, सभा—किसी संस्था की बैठक/सभा।
(Assembly of people for discussion)

Sitting : बैठक—किसी संस्था की जब अनेक बैठकें हों तो उनकी अभिव्यक्ति अंग्रेजी के इस शब्द से की जाती है।
(Time during which one sits continuously)

•

82. Collection, Levy, Procurement

Collection : संग्रहण, इकट्ठा करना—इकट्ठा करना, वसूली।
(A group of things collected ; the action of collecting)

Collection of revenue—राजस्व का संग्रहण
Collection of tax —कर का संग्रहण

Levy : उगाही, लेवी, उद्ग्रहण—मूल्यांकन/निर्धारण के बाद उगाहकर इकट्ठा करना।
(The imposition or collection of an assessment, tax etc.)

Levy taxation—कर का उद्ग्रहण

Procurement : अधिप्राप्ति—प्राप्त कर इकट्ठा करना ; उपापन।
(Bringing about ; obtaining by care and effort)

Procuring—अधिप्राप्त करना (उपाप्त करना)

•

83. Command, Dictate, Direction, Injunction, Mandate, Bidding, Order

Command : सामादेश—किसी परम सत्ताधिकारी द्वारा दिया गया आदेश।
(An authoritative order)

Being in command —समादेशन करते हुए
Command of sovereign —प्रभु-समादेश

Dictate : हुक्म—आधिकारिक आदेश जो किसी देश/संस्था के अधिनायक द्वारा दिया गया है।
[Lay down authoritatively (terms, things to be done)]

Direction : निदेश—प्रत्यक्ष/अप्रत्यक्ष देखरेख/निर्देश आदि।
(An instruction how to proceed)

Direction for accumulation—संचयन के लिए निदेश
Directed —निदिष्ट

Injunction : व्यादेश—न्यायालय द्वारा दिया गया ऐसा आदेश जो कोई काम करने या न करने के संबंध में हो ।
(An order or judgement by which a party to an action is required to do or refrain from doing a thing)

Interim injunction—अन्तरिम व्यादेश

Mandate : आज्ञापक—न्यायालय/सत्ता द्वारा दिया गया ऐसा आदेश जिसका पालन करना अनिवार्य हो ।
(A command from a superior official or judge to an inferior)

Mandatory rule—आज्ञापक नियम

Bidding : 1. आदेश—1. ऐसा आदेश जो किसी मान्य व्यक्ति या माता-पिता द्वारा दिया गया है और जिसका पालन करना आदेश-प्राप्त व्यक्ति का कर्त्तव्य है ।
(A command)

2. बोली (नीलामी के लिए)—नीलामी के लिए बोली ।
(The offer at auction)

Order : आदेश—उच्चपदस्थ अधिकारी द्वारा अधीनस्थ को दी गई आज्ञा जिसका पालन न करने पर दंड भी दिया जा सकता है ।
(An authoritative direction, injunction, mandate ; a decision of a court/judge)

Conditional order—सशर्त आदेश
Issuing an order — आदेश जारी करना

•

84 Comment, Annotation, Commentary, Footnote, Note, Remark

Comment : **टीका-टिप्पणी**—व्याख्या, समीक्षा आदि के रूप में दी गई समीक्षा। किसी विषय/कथन की प्रतिक्रियास्वरूप टीका-टिप्पणी।

(Observations or remarks expressing an opinion concerning the subject at hand)

Annotation : **टिप्पण**—किसी बात को अधिक स्पष्ट करने के लिए टिप्पण देना।

(Furnishing book with notes)

Commentary : **विवरण, वृत्तवर्णन**—किसी पहले प्राप्त पुस्तक का विस्तार से विवरण देना, समझाना, व्याख्या करना।

(Expository ; series of comments on various points in book/events)

Footnote : **पाद-टिप्पणी**—किसी मूल वस्तु का संदर्भ पृष्ठ के नीचे अथवा विवेचन के अन्त में देना।

(A brief record at the bottom of the text)

Note : **टिप्पणी, नोट**—टिप्पणी रूप में अपने विचार औपचारिक रूप में प्रस्तुत करना।

(A brief statement of particulars of some fact)

Remark : **अभ्युक्ति (कैफ़ियत)**—सामयिक उक्ति/कथन जो दूसरों का ध्यान खींच ले। विशेष कथन जो किसी के संबंध में हो।

(A written or spoken comment ; anything said)

•

85. Communication, Information, Intimation, Notice, Knowledge

Communication : **1. संसूचना, संप्रेषण,**
2. संचार,
3. पत्र-व्यवहार,
4. संपर्क—किसी समाचार अथवा संदेश को भेजने की प्रक्रिया।
(1. The action of communication, imparting or exchange of information)
(2. Means of access between two or more persons or places)
(3. Correspondence)
(4. Contact)

Communication of acceptance—प्रतिग्रहण की संसूचना
Communication in Hindi —हिन्दी में पत्रादि
Communication with enemy —शत्रु से संपर्क

Information : **1. जानकारी,**
2. सूचना, इत्तला, विवरणियाँ—वह जानकारी जो पढ़ने, देखने या सूचनाओं के आधार पर होती है।
(1. That of which one is apprised of or told)
(2. An initiatory step in proceedings information returns)

Intimation : **प्रज्ञापन**—विशेष रूप से जो सूचना दी जाए।
(A formal notification)

Intimation of loss—हानि की प्रज्ञापना

Notice : सूचना, अवेक्षा—सूचना विधिवत् देना।

1. सूचना (1. A writing; placard, board etc. conveying an intimation or warning)

2. अवेक्षा (2. Knowledge of cognizance)

Knowledge : ज्ञान—विचार-विमर्श तथा अनुभव से प्राप्त जानकारी।

1. जानकारी (1. The fact of knowing)

2. ज्ञान (2. The sum total of what is known)

•

86. Communique, Manifesto, Memorandum, Notification, White Paper

Communique : विज्ञप्ति—कोई सूचना विशेषतः सरकारी अधिकारी/प्रेस द्वारा प्रचारित करना।

(Official communication, esp. report)

Manifesto : घोषणापत्र—दल की नीतियों से संबंधित घोषणापत्र।

(A public written declaration of the intentions, opinions of a leader, party or body)

Memorandum : ज्ञापन—सरकारी पत्राचार में विशिष्ट प्रकार जिसमें संव्यवहार की शर्तें दी जाती हैं। किसी कार्रवाई के पक्ष/विपक्ष में आधारों की संक्षेपिका।

(Document recording terms of contract, agreement etc.)

Memorandum of an agreement—करार का ज्ञापन

Memorandum of appeal —अपील का ज्ञापन

Notification : अधिसूचना—लिखित या प्रकाशित सामग्री जिससे सूचना मिलती हो।

(A written or printed matter that gives notice)

Wbite Paper : श्वेतपत्र—सभी संबंधित सूचनाओं को एकत्र कर सरकारी नीति संबंधी घोषणा।

(Report issued by Government to give information)

87. Company, Association, Corporation, Federation, Guild, League, Union

Company : कंपनी—जो किसी व्यापार के लिए मिल-जुलकर दुकान चलायी गई है।

(Body of persons combined for common esp. commercial object)

Company in existence—अस्तित्वशील कंपनी

Association : संघ, संगम—मिल-जुलकर काम करने की संस्था। किसी एक उद्देश्य के लिए एकत्र व्यक्ति।

(A body of persons associated for a common purpose)

Association of employers—नियोजक संगम/संघ

Corporation : निगम—वैध रूप से बनाया गया ऐसा निकाय जो कार्य करने के लिए अधिकृत हो।

(A body corporate legally authorised to act as a single person)

Corporation sole—एकल निगम

Federation : महासंघ, परिसंघ—कई संघों का मिलकर बना महासंघ।

(A union of societies or organisation)

Guild : गिल्ड (श्रेणी)—एक प्रकार से संस्था का ही भिन्न नाम जैसे, लेखकों का गिल्ड।
(Society for mutual aid or prosecution of common object)

League : लीग (संघ)—1. कई देशों की संस्था, जैसे, लीग आफ़ नेशन्स।
2. किसी एक उद्देश्य के लिए बनी संस्था, जैसे, मुस्लिम लीग।
(Agreement made for mutual protection and assistance)

Union : संघ (यूनियन)—किसी समान उद्देश्य के लिए व्यक्तियों/राज्यों द्वारा बना संघ।
(An association or league of persons or states formed for some purpose)

Labour Union —मजदूर संघ
Union of India —भारत का संघ

88. Compel, Coerce, Constrain, Force

Compel : विवश करना—कुछ करने के लिए किसी को विवश करना।
(To force, to constrain)

Compel to perform—हाजिर होने के लिए विवश करना
Compellable —विवशनीय
Compelled —विवश हो गया

Coerce : जबरदस्ती करना—जोर-जबरदस्ती से या धमकी देकर किसी को कुछ करने के लिए कहना।
(Force, the application to another of such force either physical or moral as to constrain him to do against his will, something he would not otherwise have done)

Coercion—जबरदस्ती, प्रपीड़न

Constrain : मजबूर करना—उचित-अनुचित दबाव डालकर किसी व्यक्ति को कुछ करने के लिए मजबूर करना।
(Compulsion)

Constraint—मजबूरी

Force : बाध्य करना—कुछ काम करने के लिए बाध्य करना।
(To compel by physical, moral or intellectual means or by the exigencies of circumstances)

•

89. Compensation, Damages, Reimbursement

Compensation : मुआवजा/क्षतिपूर्ति—किसी के बदले में प्राप्त। किसी क्षति के बदले में प्राप्त।
(A return for a loss sustained)

Money payable for the loss sustained	—प्रतिकर
Compensation for wrong	—दोष का प्रतिकर
Compensation to workmen	—कर्मकारों को प्रतिकर
Compensation money	—प्रतिकर धन

Damages : नुक़सानी/हर्जाना—कोई धनराशि जो नुक़सान के बदले में क्लेम/प्राप्त की गई हो।
(The sum claimed or awarded for loss or injury sustained)

Consequential damages—पारिणामिक नुकसानी
Nominal damages —नाममात्र नुकसानी
Special damages —विशेष नुकसानी

Reimbursement : प्रतिपूर्ति—जो व्यय कर दिया गया है, उसके बदले में प्राप्त धनराशि।
(Repayment to the person who has expended money)

Entitled to be reimbursed—प्रतिपूर्ति पाने का हक़दार
Shall be reimbursed —प्रतिपूर्ति की जाएगी

•

90. Complicated, Complex, Intricate, Involved

Complicated : जटिल—इस प्रकार उलझा हुआ कि सुलझाने/समझने में कठिनाई हो।
(Made up of many parts, much complex)

Complicated nature —जटिल प्रकृति
Complicated problem —जटिल समस्या

Complex : पेचीदा, जटिल—इस प्रकार समस्या जटिल हो जाए कि उसे जानने के लिए विशेष प्रयत्न करना पड़े।
(Difficult to understand or explain)

Complex situation—पेचीदा स्थिति

Intricate : **उलझा हुआ, पेचीला, पेचीदा**—जो इतना अधिक उलझा हुआ हो कि सुलझाना काफ़ी कठिन हो।
(Complicated ; puzzling)

Intricate matter —पेचीदा मामला
Intricate problems—पेचीदा समस्याएँ

Involved : **अन्तर्ग्रस्त**—उलझा होने के कारण अस्पष्ट/पेचीदा।
(To include ; to contain ; to imply)

Involved any connection—किसी प्रकार का संबंध अन्तर्ग्रस्त रहा

•

91. Compulsory, Binding, Imperative Essential, Mandatory, Necessary, Requisite, Obligatory, Indispensable

Compulsory : **अनिवार्य**—बाध्यता के रूप में मान्य।
(Compelling)

Binding : **बंधनकारी, बाध्यकारी**—जिसका पालन बहुत ही जरूरी हो।
(Obligatory, Restrictive)

Imperative : **अवश्यकरणीय**—लाज़िमी।
(Obligatory)

Essential : **अत्यावश्यक**—जिसके बिना काम ही न चले।
(Indispensably requisite)

Essential commodity—अत्यावश्यक वस्तु
Essential services —आवश्यक सेवाएँ

Mandatory : **आज्ञापक**—अनिवार्य, आदेशात्मक।
(Containing a command)

Mandatory rule—आज्ञापक नियम

Necessary : आवश्यक—जिससे आवश्यकता की पूर्ति की जा सके ।
(That cannot be done without)

Necessary expenses—आवश्यक व्यय
Necessary steps —आवश्यक कदम

Requisite : अपेक्षित—(भिन्न-भिन्न स्थान पर/परिस्थितियों में) जिसकी अपेक्षा हो ।
(Required by the circumstances or the nature of things)

Requisite act —अपेक्षित कार्य
Requisite search —अपेक्षित तलाशी

Obligatory : बाध्यकर—जो मानना/करना आवश्यक ।
(Legally or morally binding, compulsory)

Indispensable : अपरिहार्य—जिसको किसी भी हालत में छोड़ा न जा सके ।
(That cannot be dispensed with, necessary)

•

92. Conclude, Decide, Determine, Resolve, Settle

Conclude : निष्कर्ष निकालना—अच्छी तरह से सोच-समझकर निश्चय करना ।
(Decide to do)

Decide : निश्चित करना—जाँच-पड़ताल के बाद निश्चित करना ।
(To determine a question, controversy, cause etc.)

Determine : 1. निर्धारित या नियत करना—(1. To lay down authoritatively)
2. निश्चित करना —(2. To ascertain definitely)
3. पर्यवसान करना —(3. To put to an end to)

Resolve : संकल्प/निश्चय करना—निश्चयपूर्वक दृढ़ धारणा बनाना। इसके लिए दो भिन्न भावों में दो भिन्न शब्द हैं—

1. सकल्प करना

2. निश्चय करना

नोट : किसी काम को करने का मन में विचार बना होना—**निश्चय** है। **संकल्प** ऐसा निश्चय है जिसकी पूर्ति के लिए जी-जान से जुट जाते हैं। संकल्प अधिक बाधाओं से लड़ने की शक्ति प्रदान करता है।

Settle : **1. तय करना** —(1. To decide upon)
2. परिनिर्धारण करना—(2. To settle accounts)
3. व्यवस्थापन करना—(3. To settle assessment of land/property)
4. निपटारा करना —(4. To dispose of)
5. निपटाना —(5. To make final payment)

•

93. Condition, Circumstances, Position, Situation, State, Status

Condition : अवस्था, दशा—एक-दूसरे से मिली परिस्थितियों का संयुक्त रूप।
(Mode or state of being)

Condition of the mind—चित्त की दशा
Condition prevailing —विद्यमान दशा

Circumstances : परिस्थितियाँ—ऐसी घटनाएँ जो किसी अन्य दूसरी घटनाओं का कारण/हेतु बनें।
(Surroundings of an act, the state of affairs surrounding and affecting an agent)

Circumstances prevailing—विद्यमान परिस्थितियाँ

Position : 1. अवस्थिति—1. स्थिति, अवस्थिति, 2. पद, ओहदा आदि।
2. पद, ओहदा (Situation in relation to other persons)

Position in life —जीवन में स्थिति
Position of management—प्रबंध का पद

Situation : स्थिति, स्थान—स्थिति—किसी व्यक्ति/स्थान विशेष की। प्रस्तुत अवस्था।
(Place, with its surroundings, occupied by something ; set of circumstances)

Situated—स्थित

State : हालत, दशा—किसी व्यक्ति अथवा वस्तु के चारों ओर की परिस्थितियाँ जो उसको प्रभावित करें।
(The condition ; manner of existence)

State of health—स्वास्थ्य की दशा
State of mind —मन की दशा

Status : हैसियत, प्रास्थिति—उम्र, शिक्षा, पद, धन-दौलत आदि की दृष्टि से किसी व्यक्ति विशेष की अवस्था।
(Legal standing or position of a person position or standing in society)

Status of the members—सदस्यों की प्रास्थिति

●

Condonation, Amnesty, Apology, Excuse, Pardon

Condonation : **माफ़ी**—किसी गलती के लिए माफ़ करना।
(To forgive or overlook an offence)

Condone the delay—विलम्ब के लिए माफ़ी देना

Amnesty : **सर्वक्षमा**—सबको क्षमादान।
(General pardon)

Apology : **क्षमायाचना**— माफ़ी माँगना/की गई गलती के लिए क्षमा की याचना।
(Regretful acknowledgement of fault or failure)

Make apology—क्षमा माँगना

Excuse : **माफ़ी**—किसी कारण से माफ़ी देना।
(To accept plea in exculpation)

Excusable—माफ़ी योग्य

Pardon : **क्षमा**—किसी गलती के लिए क्षमा प्रदान करना।
(The excusing of a fault)

•

95. Conduct, Behaviour, Demeanour, Deportment, Manners, Bearing

Conduct : **आचरण**—व्यक्ति के आंतरिक्त व्यक्तित्व का महत्त्वपूर्ण।
(Superior than behaviour)

Behaviour : **व्यवहार**—अपनी, अपने परिवार तथा समाज के अनुसार व्यवहार करना।
(Manner of conducting oneself)

Demeanour : तौर-तरीक़ा —व्यक्तित्व के अनुसार आचरण रखना और उसी के अनुरूप तौर-तरीक़ा।

सलूक (भावभंगी) —दूसरों की उपस्थिति में किया जानेवाला व्यवहार।

(Manner of comporting oneself towards others)

Demeanour of witness—साक्षी की भावभंगी

Deportment : चालढाल—परिवार तथा समाज के अनुसार परम्परा का पालन करना जो शिक्षा-दीक्षा से प्रभावित होता है।

(Conduct oneself an specified manner, manners of cultivated kind)

Manners : शिष्टाचार—वे शारीरिक चेष्टाएँ जो अपने से बड़ों से मिलने पर स्वभावतः ढंग से होनी चाहिए।

(Behaviour in social intercourse)

Bearing : अख़लाक़, बाह्य व्यवहार—ऐसा व्यवहार जिससे व्यक्ति के सौजन्य और उसके परिवार का परिचय मिलता है।

(Outward behaviour ; bodily attitude)

•

96. Confer, Consult, Negotiate

Confer : विचार-विमर्श करना—आपस में बातचीत/विचार करना।

(Converse)

Consult : परामर्श करना/लेना—राय/परामर्श करना/लेना।

(Taking counsel together)

Negotiate : **बातचीत/परक्रामण करना**—सामान्यत: बातचीत (वार्ता) के अर्थ में प्रयुक्त ।

1. **बातचीत करना/वार्ता करना**—(1. To bargain or trade ; to conduct communications)

2. **परक्रामण करना** —(2. To transfer for value by delivery)

97. Confer, Donate, Grant, Bestow, Present

Confer : **प्रदान करना**—देना, प्रदान करना ।
[Grant or bestow (title, degree, favour etc., on)]

Confer degree	—उपाधि प्रदान करना
Confer jurisdiction	—अधिकारिता प्रदान करना
Confer title	—हक़ प्रदान करना (देना)

सामान्यत: Confer का प्रयोग **'सम्मानित करने के उद्देश्य से प्रदान करना'** के अर्थ में किया जाता है ।

Donate : **दान देना**—दान के रूप में देना या दान देना ।
Donate से संज्ञा रूप 'donation' निर्मित होता है, जिसका सामान्यतः अभिप्राय है, that which is presented, a gift । हिन्दी में इसके लिए प्रचलित शब्द है—**दान** ।

Grant : अनुदान—माँगने पर सहायता के रूप में धन देना। यही वस्तुतः 'अनुदान' है। साधारणतः grant का चार विभिन्न अर्थों में प्रयोग किया जाता है :—

1. अनुदान —(1. A gift or assignment of money etc. out of a fund)

उदाहरणार्थ—Grant-in-aid—सहायता अनुदान

2. अनुदान —(2. The thing granted)

उदाहरणार्थ—1. Grant of land —भूमि का अनुदान
2. Grant of lease —पट्टा अनुदान

3. देना/प्रदान करना—(3. To bestow by a formal act)

उदाहरणार्थ—Grant exemption —छूट देना
Grant pardon —क्षमा प्रदान करना

Grant of recognition—मान्यता देना

4. मंजूर करना —(4. To accede to)

उदाहरणार्थ—Grant of license—लाइसेंस की मंजूरी

Bestow : उदारता के साथ देना, प्रदान करना—उपहार के रूप में उदारता-पूर्वक देना।
[Confer (thing) upon a (person) a gift)]

Bestow designation—पदाभिधान प्रदान करना

Present : आदर से देना—प्रेम या आदरपूर्वक देना अथवा औपचारिक रूप से किसी की सेवा में उपस्थित करना, भेंट करना। सामान्यत: इसका निम्नलिखित अर्थों में प्रयोग किया जाता है :—

1. **उपस्थित/पेश करना**—(1. To deliver formally for acceptance)
2. **उपस्थित करना** —(2. To bring before, into the presence of)
3. **अर्पित/भेंट करना** —(3. To provide with something by way of present or gift)
4. **प्रस्तुत/पेश करना** —(4. To introduce formally in a court)

•

98. Confidence, Belief, Conviction, Credence, Credit, Faith, Reliance, Trust

Confidence : आत्मविश्वास, विश्वास—ऐसा आत्मविश्वास जो तर्कों पर आधारित हो और जिससे व्यवहार में दृढ़ता आ जाए।
(Self reliance, assured expectation)

Confidence reposed—रखा गया विश्वास
Active confidence —सक्रिय विश्वास

Belief : विश्वास—ऐसी धारणा कि अमुक बात वास्तव में सही है।
(A conviction of truth of a proposition)

Conviction : दृढ़ विश्वास, धारणा—ऐसा पक्का विश्वास जो 'धारणा' बन चुका है।
(Strong belief)

Credence : प्रत्यय—ऐसा विश्वास जिसको सहज में मान लिया जाए।
(Belief)

Credit : साख—किसी की ऐसी साख जिसके आधार पर विशेष रूप से मान्यता दी जाए।
(Reputation of probity and solvency in business enabling person to be trusted)

Faith : आस्था, निष्ठा—किसी पर ऐसा पूरा-पूरा विश्वास करना जो तर्क पर किसी प्रकार आधारित नहीं होता।
(Reliance in ; belief founded on authority)

Faithful—वफादार, निष्ठावान्

Reliance : विश्वसनीयता—किसी के बारे में ऐसा विश्वास कि वह कुछ कर सकने में समर्थ होगा।
(Thing depended upon, confidence)

Trust : 1. भरोसा—1. ऐसा पूर्ण विश्वास जिसके आधार पर दूसरे पर पूरा-पूरा भरोसा कर लिया जाए।
(To repose confidence in)

2. न्यास —2. कोई कार्य-संचालन हेतु स्थापित संस्था जिस पर विश्वास हो।
(Organised association for any purpose)

•

92. Conflict, Contention, Contest, Fight, Struggle, Rival

Conflict : संघर्ष—परस्पर-विरोधी विचारों के कारण चलनेवाला संघर्ष।
(Struggle with ; clash)

Contention : कहासुनी—कहा-सुनी, मौखिक लड़ाई।
(Dispute, controversy)

Contest : प्रतिद्वंद्विता—ऐसी प्रतियोगिता जिसमें दूसरों पर अपनी श्रेष्ठता सिद्ध करनी होती है । प्रतियोगिता का संघर्ष ।

1. **प्रतिवाद** (1. Strife)
2. **प्रतिवाद करना** (2. To defend as a suit)
3. **विरोध करना** (3. To oppose)
4. **लड़ना** (4. To struggle for victory)

Fight : लड़ाई—ऐसा संघर्ष जिसमें लड़ाई-हाथापाई की नौबत आ जाए ।
(Act of fighting)

Struggle : 1. घनघोर प्रयत्न—घनघोर प्रयत्नों के साथ किया गया संघर्ष ।
(1. Make violent/determined efforts under difficulties)

2. गुत्थमगुत्था—(2. Throw one's limbs about in violent effort)

Rival : परस्पर विरोधी—बिना किसी कपट भाव के प्रतियोगिता में आगे बढ़ने की भावना उत्पन्न करना/होना ।
(Be comparable to ; seem to be as good)

Rival claims—परस्पर विरोधी दावे

नोट : 'स्पर्धा' का ध्येय किसी अन्य का ईर्ष्या-द्वेष के कारण अनिष्ट करना नहीं होता वरन् स्वयं आगे निकलने का ध्येय होता है । यह ऐसी स्थिति है, जिसमें किसी अन्य व्यक्ति की बराबरी प्राप्त करने के लिए अथवा उससे आगे निकलने के लिए उपाय में जुट जाते हैं ।

•

100. Considerate, Attentive, Thoughtful

Considerate : विचारशील—दूसरों के विचारों तथा उसकी/उनकी भावनाओं का आदर करनेवाला ।
[Thoughtful (of the needs etc. of others)]

Attentive : सावधान—जो दूसरों का पूरा-पूरा ध्यान रखने में सावधान रहे।
(Giving/paying attention)

Thoughtful : विचारवान्—दूसरों के सुख-सुविधा का ध्यान रखनेवाला।
(Full of thought ; showing thought)

•

101. Conspire, Collude, Intrigue, Plot

Conspire : षड्यन्त्र करना/रचना—कुछ लोगों द्वारा मिल-बैठकर षड्यन्त्र रचना/रचाना ; सुनियोजित कपट-संधि।
(Combine secretly for unlawful purpose)

Conspiracy—षड्यन्त्र

Collude : साँठ-गाँठ करना—किसी कार्य को सुलभता से प्राप्त करने के लिए साँठ-गाँठ करना।
(Practise collusion—fraudulent secret understanding)

Intrigue : कुचक्र रचना—दूसरों को ठगने के लिए कोई योजना (बुरी) बनाना, कुचक्र।
(Secret plotting)

Plot : कूट मंत्रणा करना—गुप्त और सुनियोजित योजना बनाना।
(Secret plan)

•

102. Contrary, Conflicting, Opposite, Reverse

Contrary : प्रतिकूल—जिसमें इतनी अधिक विभिन्नता हो कि मेल की गुंजाइश ही न हो ; वह जो उल्टी दिशा में चले ।
(Opposed in nature or tendency)

Contrary of law (violating to the provisions of law) —विधि के प्रतिकूल
Contrary intention —प्रतिकूल आशय

Conflicting (Contradictory) : परस्पर विरोधी—एक दूसरे से मेल न खानेवाला ।
(Conflict in the decision)

Opposite : विरुद्ध/विरोधी—स्थिति, दिशा के विचार से ठीक उल्टा, किसी चीज से सीधा टकराव होना । ऐसा करना '**नियम के विरुद्ध**' है । इससे अभिप्राय है कि नियम की अवहेलना समझा जाएगा ।
(Of contrary kind ; diametrically different to)

Opposite party —1. विरोधी पक्षकार
2. विरोधी दल
Opposed to public policy —लोकनीति के विरुद्ध

Reverse : उल्टा/विपरीत—जिसका दूसरा पक्ष (ऊपर का नीचे या सामने वाला पीछे हो) उल्टा हो—विपरीत बुद्धि (विनाश काले विपरीत बुद्धिः) से आशय है जो सोचना चाहिए, उसका उल्टा, विपरीत दिशा में सोचने लगती है ।
(Contrary to usual manner)

Reverse the decision—विनिश्चय को उलटना

•

103. Control, Check, Curb, Impede, Restrain, Bridle

Control : नियंत्रण रखना—निर्देशनों के अनुसार पक्की व्यवस्था करना।
(To regulate ; to govern ; to have under command)

Control of goods—माल पर नियंत्रण
Controlled —नियंत्रित
Controller —नियंत्रक

Check : रोकना—रोकथाम करना। 'अति' पर रोक। किसी को बढ़ने/फैलने से रोकना।
(Suddenly stop or slow the motion of)

Check-dam—रोक बाँध
Checked —अवरुद्ध

Curb : मोड़ना—मोड़ना (उग्रतापूर्वक), रोककर मोड़ना/वश में रखना।
[Put curb ; (fig.) restrain]

Impede : अड़चन डालना—आगे बढ़ने में अड़चन/रुकावट डालना।
(To get in the way of the progress)

Impede the course of justice—न्याय के क्रम में अड़चन डालना

Restrain : निग्रह करना, अवरुद्ध करना—किसी पर या अपने पर निग्रह करना, बलपूर्वक निग्रह।
(To hold back a person from action, procedure or course)

Restraining the defendant—प्रतिवादी को अवरुद्ध करना
Restraint —अवरोध

Bridle : **रोक रखना (लगाम लगाना)**—जिस प्रकार लगाम द्वारा रोका जाता है उसी प्रकार जबर्दस्ती रोककर रखना।
(Hold in, bring under control)

•

104. Controversy, Altercation, Bickering, Breeze, Discord, Dispute, Quarrel, Squabble, Wrangle

Controversy : **प्रतिवाद**—ऐसा झगड़ा जो किसी विशेष बात से संबंधित हो और काफ़ी समय तक चलता रहे।
(Disputation, argument, esp. conducted in writing)

Altercation : **कहा-सुनी**—ऐसा मौखिक झगड़ा जो उग्र रूप ले लेता है और हाथापाई भी हो जाती है।
(Dispute hotly)

Bickering : **कलह**—कलह, प्रतिदिन का घर में छोटा-मोटा झगड़ा।
(Quarrel)

Breeze : **झड़प**—झड़प।
(Display of temper)

Discord : **असामंजस्य**—बिना किसी सामंजस्य के।
(Disagree, be different)

Dispute : **विवाद**—ऐसा झगड़ा जिसमें गुस्से में जवाब दिया जाता है और उत्तर-प्रत्युत्तर में झगड़ा विवाद बन जाता है।
(An argumentative contention)

Quarrel : **झगड़ा**—ऐसा उग्र रूप जिसमें दोनों पक्ष एक दूसरे के प्रति कड़े शब्दों का प्रयोग करने लगें।
(Occasion of complaint against person; violent altercation between persons)

Squabble : बच्चों-जैसा झगड़ा—किसी छोटी-सी बात को लेकर ऐसा झगड़ा जैसे बच्चे करते हैं।
[Petty or noisy quarrel (with person about thing)]

Wrangle : वितंडा—ऐसा झगड़ा जिसमें प्रत्येक पक्ष अपनी बात पर ही अड़ा रहता है और दूसरे की बात को काटता रहता है।
(Loud or angry argument or quarrel)

•

105. Controvert, Confute, Disprove, Refute

Controvert : अस्वीकार करना—आपत्तिपूर्ण होने पर मानने से इंकार करना।
(Deny, Dispute about)

Confute : असिद्ध करना—प्रमाण न होने पर किसी बात का न मानना।
(Prove to be in error ; prove any argument to be false)

Disprove : अमान्य ठहराना—मिथ्या होने पर अथवा ग़लत होने पर एकदम अस्वीकार कर अमान्य ठहराना/नासाबित करना।
(To prove to be false or erroneous)

Refute : खण्डन करना—भली प्रकार जाँच-पड़ताल कर निश्चयात्मक रूप से दृढ़ता से खण्डन करना।
(Prove falsity or error of any statement/opinion/argument/person)

•

106. Convene, Call, Convoke, Invite, Summon

Convene : आयोजन करना, संयोजन करना—किसी मीटिंग, समाज के सदस्यों को विचार करने के लिए बुलाना।
[To call (persons) to come together for a meeting, etc.]

Convene a meeting—अधिवेशन/बैठक बुलाना
Convener —संयोजक

Call : माँगना, बुलाना, पुकारना—किसी को किसी निश्चित स्थान पर आने के लिए कहना। टेलीफ़ोन पर बात करने के लिए बुलाना।
(To summon by a call/to name, to address etc.)

Call for —माँगना
Call evidence —साक्ष्य पेश करना
Called —माँगी गई, बुलाया गया, पुकारा गया

Convoke : समाह्वान करना—आधिकारिक रूप से किसी को बुलाना।
[Call together, summon (a meeting)]

Convocation—दीक्षान्त समारोह

Invite : आमंत्रित/निमंत्रित करना—किसी अतिथि/मित्र को आदर के साथ किसी को निश्चित स्थान पर बुलाना।
[To courteously ask (a person) to come to]

Inviting competition—प्रतियोगिता कराना
Invitation —आमंत्रण/निमंत्रण

Summon : 1. आह्वान करना—1. आह्वान करना।
(To call upon)

2. सम्मन भेजना —2. विधि क्षेत्र में न्यायालय द्वारा औपचारिक रूप से किसी को किसी निश्चित तारीख को निश्चित स्थान पर उपस्थित रहने के लिए कहना।
(To call upon)

Summon the witness—साक्षी को समन करना
Summoning —समन करना
Summoned —समन किया गया

•

107. Correct, Accurate, Exact, Precise

Correct : शुद्ध—वह, जिसमें कोई भूल न हो, सही और ठीक हो।
(True, right)

Correct copy—शुद्ध प्रति

Accurate : ठीक-ठीक, सही—जो तथ्यों व आँकड़ों की दृष्टि से बिल्कुल सही हो।
(In exact conformity with a standard)

Accuracy —शुद्धता, ठीक होना, सही होना
Accurately obey —ठीक-ठीक पालन करना

Exact : यथातथ्य— जिसमें तथ्यों तथा ब्यौरे के सभी पक्षों का सही आकलन किया गया हो।
निश्चित —यथावत्, निश्चित रूप से ठीक।
(Strictly correct)

Exact period—निश्चित कालावधि

Precise : सुनिश्चित, यथावत्—जो यथार्थ रूप से बिल्कुल शुद्ध व सही हो—परिशुद्ध ।

(To the point, without deviation)

Precise words—यथावत् शब्द
Precision —यथार्थता

•

108. Correct, Amend, Mend, Modify, Rectify, Reform

Correct : सुधारना, ठीक करना—ख़ासतौर पर भूलों को ठीक कर सुधार देना ।

(Set right ; amend)

Correction of errors —भूल सुधार
Corrective institution—सुधार संस्था

Amend : संशोधन करना—संशोधन द्वारा जो ग़लती/दोष हों, उन्हें दूर कर देना ।

(To alter formally by some addition, omission or substitution)

Amended charge—संशोधित आरोप
Amendment —संशोधन

Mend : सुधार करना—लगभग वही है, जो amend है ।

(Restore to sound condition)

Modify : बदलकर अन्तर कर देना, उपान्तरण करना—फ़ेरबदल कर ठीक कर देना ।

(To alter without radical transformation)

Modification—उपान्तर, उपान्तरण

Rectify : परिशोधन करना—भूलों को सुधार कर, ठीक करके पहले से अधिक सशक्त बना देना।
(To make or set right)

Rectification—परिशुद्धि, सुधार

Reform : सुधार करना—आमूलचूल परिवर्तन द्वारा सुधार कर देना। नई नीतियाँ/प्रणालियाँ लागू करना।
(To improve)

Reformation—सुधार

•

109. Crisis, Contingency, Emergency, Exigency, Strait

Crisis : संकट—ऐसी स्थिति जिसमें राजनैतिक/आर्थिक व्यवस्था लड़खड़ा जाती है।
(Time of danger or difficulty about the future)

In crisis—संकट में

Contingency : आकस्मिकता—ऐसी आशंका जो बनी हो।
(An event conceived of possible occurrence in the future)

Contingency fund—आकस्मिकता निधि

Emergency : आपात स्थिति—ऐसी स्थिति जो सहसा उपस्थित होती है। अप्रत्याशित स्थिति जिसका सामना करना पड़े।
(An unforeseen combination of circumstances or the resulting state that calls for immediate action)

Emergency certificate—आपात प्रमाणपत्र
Emergency risk —आपात संकट

Exigency : अत्यावश्यकता—आपत्कालीन आवश्यकता, विपत्ति का समय।
(Such need or necessity as belongs to the occasion)

Strait(s) : विकट स्थिति—ऐसी भयंकर/विकट स्थिति जो दुर्दशा बताये। विस्थिति।
(Trouble ; difficulty)

•

110. Criterion, Standard, Touchstone, Yardstick

Criterion : मापदण्ड—किसी भी संस्था/व्यक्ति द्वारा स्थापित नियम जिनसे किसी वस्तु/व्यक्ति की उपयुक्तता/उत्कृष्टता पहचानी जा सके।
(Principle or standard, that a thing is judged by)

Standard : मानक—विभिन्न वस्तुओं/व्यक्तियों के गुण स्थिर करने के लिए आधिकारिक रूप से बनाये गये मान।
(Something that is established by authority, custom or general consent as model or example to be followed)

Standard form —मानक प्ररूप
Standard meter — मानक मीटर

Touchstone : कसौटी—ऐसा पदार्थ (निकष), जिससे यह पहचाना जा सके कि किसी चीज़ में कितनी शुद्धता/खरापन है।
(Standard)

Yardstick : मानदण्ड—मान या किसी का महत्त्व नापने की इकाई।
(Standard of comparison)

••

D

111. Danger, Hazard, Peril, Risk

Danger : ख़तरा, संकट—भय उत्पन्न करनेवाली बात ।

(Exposure to pain or injury)

Danger zone —ख़तरे का इलाका
Immediate danger —आसन्न संकट
Dangerous —ख़तरनाक

Hazard : परिसंकट, विपत्ति—आता हुआ बड़ा ख़तरा ।

(Source of danger)

Hazardous goods—परिसंकटमय माल
Without hazard —परिसंकट में डाले बिना
Hazardous —परिसंकटमय

Peril : संकट, जोख़िम—घनघोर संकट ।

(Danger)

Peril of life—जीवन को जोख़िम

Risk : जोख़िम—किसी भी तरह का संकट ।

(The chance of commercial loss)

Risk of deterioratio.ı—क्षय की जोख़िम

●

112. Debate, Argue, Contend, Discuss, Dispute

Debate : वादविवाद करना —1. किसी ऐसी प्रतियोगिता में भाग लेना जिसमें पक्ष-विपक्ष में तर्क-वितर्क करना हो।

विचार-विमर्श करना—2. संसद्, विधान सभा/परिषद् में विचार-विमर्श।

(To discuss)

Argue : बहस करना—तर्कों के साथ किसी मत/कथन का खंडन या मंडन करना। किसी मुकदमे में बहस करना।

(To discuss the evidence in a suit and placing of various authorities for legal positions before a judge)

Argument—बहस

Contend : तर्क-वितर्क करना—किसी विषय के संबंध में तर्क-वितर्क प्रस्तुत करना।

[To argue (with)]

Discuss : चर्चा करना—विचार-विमर्श करना। कोई पद्धति निश्चित करने के लिए विचार करना।

(To exchange views)

Discussion—चर्चा

Dispute : विवाद करना, विवाद—विरोध के मत या कथन का ज़ोरदार शब्दों में प्रतिकार करना। विवाद।

(An argumentative contention)

Matter in dispute—विवाद-ग्रस्त विषय
Disputed —विवाद-ग्रस्त

•

113. Deceased, Dead, Defunct, Departed, Lifeless, Ex, Extinct, Late

Deceased : दिवंगत, मृतक—आदर के साथ प्रयुक्त (जो मर चुका है)।
(A person who is dead)

Deceased partner—मृतक भागीदार
Deceased person —मृत व्यक्ति

Dead : मृत—जिसका जीवन समाप्त हो गया।
(Deceased)

Deadly—घातक

Defunct : निष्क्रिय—जिसका अस्तिव ही मिट चुका है/नेस्त।
(No longer used or existing)

Defunct mill —निष्क्रिय मिल
Defunct bank —निष्क्रिय बैंक

Departed : दिवंगत—जो हमेशा के लिए जा चुका है।
(Bygone)

Departed soul—दिवंगत आत्मा

Lifeless : निष्प्राण, निर्जीव—वह, जिसमें से जीवनी शक्ति जा चुकी है।
(Not having life)

Lifeless body—निर्जीव/निष्प्राण शरीर

Ex : भूतपूर्व—भूतपूर्व/जो पहले रहा था।
(Former)

Extinct : लुप्त, मृतप्राय—वह जाति जिसके सदस्य अब नहीं बचे हैं।
(The complete wiping out)

Extinction—निर्वापन, जो लुप्त है

Late : स्वर्गीय, भूतपूर्व—भूतपूर्व तथा स्वर्गीय के अर्थ में प्रयुक्त।
(No longer alive, no longer having specified status etc.)

•

114. Deceive, Defraud, Dupe, Cheat, Hoax, Fleece, Swindle, Trick

Deceive : प्रवंचना करना—वंचना/धोखे से माल हड़प लेना।
(To cause to believe what is false)

Deceitful means—प्रवंचनायुक्त उपाय

Defraud : कपट से धोखा देना, जाल से फ़ायदा उठाना—धोखे द्वारा या कोई जाल रचकर अधिकारों का/धन-दौलत का नाजायज फायदा उठाना।
[To take or withhold from (a person) by fraud what is his by right]

Defraud creditors—लेनदारों को कपट से वंचित करना

Dupe : ठगना—किसी सीधे-सादे व्यक्ति को मूर्ख बनाकर उससे धन ऐंठ लेना।
(Make a fool of)

Dupery—धोखेबाजी, छल-कपट

Cheat : छल करना—बेईमानी या धोखे से दूसरे से छल करना।
(To fool, to beguile, to practise fraud or deception)

Cheating by personation—प्रतिरूपण द्वारा छल

Hoax : मजाक से धन लेना—मज़ाक करते हुए धोखे द्वारा किसी से धन ऐंठ लेना।
[Deceive (person) by way of joke]

Fleece : लूटना—वैसे 'लूट' क्रिया भी अंग्रेजी में व्यवहृत होती है।
[Strip (person) of money, property etc.]

Swindle : **(विश्वास में लेकर) धन ऐंठना, झांसा देना**—किसी अन्य व्यक्ति में विश्वास पैदाकर किसी भी प्रकार से धन ऐंठ लेना।
[Cheat (person) money out of person]

Swindler—झांसिया

Trick : **(चालाकी से) ले लेना**—चालाकी से किसी दूसरे की वस्तु या उसका धन हड़प लेना।
(Fraudulent device)

Trickery—चालबाजी

•

115. Declare, Announce, Proclaim, Publish

Declare : **घोषणा/घोषित करना**—किसी बात की विधिवत् घोषणा करना।
(To make known, formally)

Declaration—घोषणा

Announce : **एलान करना, आख्यापित करना**—औपचारिक रूप से सार्वजनिक एलान करना, प्रसारण करना।
(To make public or give official intimation)

Announcer —घोषक
Announcement —आख्यापन, घोषणा

Proclaim : उद्‌घोषणा करना—आधिकारिक रूप से किसी विशेष बात को विधिपूर्वक बताना।
(To make public official announcement)

Proclamation—उद्‌घोषणा

Publish : प्रकाशित करना—किसी भी घोषणा, उद्‌घोषणा आदि के लिखित रूप को प्रकाशित करना।
[(To make generally available) to bring before the public for sale or distribution]

•

116. Defence, Conservation, Guard, Preservation, Protection, Safety, Security, Shield

Defence : प्रतिरक्षा/रक्षा—किसी भी हमले का प्रतिरोध करते हुए रक्षा करना।
(Action against attack/challenge)

Defence services—रक्षा सेवाएँ

Conservation : संरक्षण—भली प्रकार संभालकर रखना।
(Preservation from loss, decay or waste)

Conservation of water resources—जलस्रोतों का संरक्षण

Guard : रक्षण/रक्षक—चौकसी करना—रक्षा के उद्देश्य से।
(To watch/to take care)

Forest guard—वन रक्षक

Preservation : परिरक्षण—परिरक्षण ; क्षय, नष्ट होने से बचाने के लिए रक्षा।
(The act of keeping safe from injury, harm or destruction)

Preservation of the goods—माल का परिरक्षण

Protection : संरक्षण—संरक्षण, संरक्षा। ख़ासतौर से किसी आवरण/ओट में बचाकर रखना।
(Saving from danger/harm)

Protection of action—कार्रवाई के लिए संरक्षण

Safety : सुरक्षा—किसी ख़तरे/चोट से रक्षा (बचाव)।
(Exemption from danger/hurt)

Safety and welfare—सुरक्षा और कल्याण
Safety certificate —सुरक्षा प्रमाणपत्र

Security : संरक्षा/सुरक्षा—किसी ख़तरे से बचाव की स्थिति।
(The condition of being protected from danger)

Security council—सुरक्षा परिषद्

Shield : बचाव—किसी आघात/आक्रमण से रक्षा करना। आक्षेप से बचाना।
(To protect from danger or damage)

•

117. Deliberate, Intentional, Voluntary, Wilful

Deliberate : विमर्शित, सुविचारित—सोच-समझकर, जानबूझकर किया जाने-वाला।
(Premeditated ; done at set purpose)

Deliberate intention—विमर्शित आशय

Intentional : समझबूझकर, साशय—किसी विशेष उद्देश्य से किया जानेवाला ; साभिप्राय।
(Indended ; done by or with intention)

Intentional insult—साशय अपमान
Intentionally —आशय से

Voluntary : अपनी इच्छा से (स्वेच्छया)—बिना किसी दबाव के ; मात्र अपनी इच्छा से, किया जानेवाला।
(Acting willingly)

Voluntary contribution—स्वैच्छिक अभिदाय
Voluntary retirement —स्वेच्छया निवृत्ति

Wilful : जानबूझकर, मनमाना—दूसरों की सलाह के बिना अपनी इच्छा से, मनमाना, किया जानेवाला।

Wilful act —जानबूझकर किया गया कार्य
Wilful concealment—जानबूझकर छिपाना

•

118. Demand, Claim, Prerogative, Privilege, Right, Require, Title

Demand : मांग—आवश्यकता अनुभव करने पर अधिकार के साथ कोई वस्तु/पद/अधिकार माँगना।
(To ask for with legal right or authority)

Demand for payment—संदाय के लिए माँग
Demand for poll —मतदान की माँग

Claim : दावा—किसी दूसरे के अधिकार में होने पर अपना दावा पेश करना ; मार्ग में किसी वस्तु के नष्ट हो जाने पर उसके बदले में माँग प्रस्तुत करना।

(A demand for something as due ; an assertion of a right to something)

Claim for refund—प्रतिदायक के लिए दावा
Claims officer —दावा अधिकारी
Claimant —दावेदार

Prerogative : परमाधिकार—परम अधिकार।

(Peculiar right or privilege, natural advantage, privilege, or faculty)

Privilege : विशेषाधिकार—किसी पद पर होने के कारण प्राप्त विशेष अधिकार।

(A right granted as a peculiar benefit, advantage or favour etc.)

Privilege is claimed—विशेषाधिकार का दावा किया जाता है
Privileged —विशेषाधिकार प्राप्त

Right : अधिकार—अधिकार, सामान्य अधिकार जो नैसर्गिक रूप से अथवा संविधान से प्राप्त होते हैं।

(A claim to any subject matter whatsoever)

Legal right —वैध अधिकार
Right of appeal —अपील का अधिकार

Require : अभीष्ट, अपेक्षा करना—इच्छित, अपेक्षित किसी वस्तु को चाहना।

(To demand as necessary or essential on general principles)

Required—अपेक्षित, आवश्यक

Title : हक़—आगे कुछ पाने का अधिकार।

(A legal right)

Title deed—हक़ विलेख

•

119. Deny, Contradict, Contravene, Gainsay, Impugn, Oppose

Deny : इन्कार करना—इन्कार कर ग़लत घोषित करना।
(To refuse to admit the truth of, to disown)

Contradict : खण्डन करना—किसी भी बात/कथन का खण्डन करना।
(To affirm the contrary of ; to declare untrue or erroneous)

Contradiction—खण्डन

Contravene : उल्लंघन करना—किसी नियम/विधि का उल्लंघन करना।
[Infringe (law)]

Contravention—उल्लंघन

Gainsay : बात काटना, ग़लत करना—किसी की कही गई बात को चुनौती देकर ग़लत बताना। (प्राचीन रूप है)
(Deny/contradict)

Impugn : प्रतिवाद करना—लगाये गये आरोप का दृढ़ता से खण्डन करना।
(Assail by words)

Oppose : विरोध करना—(किसी भी बात/व्यक्ति का) विरोध करना।
[Place/produce/cite (thing, person) as obstacle]

Opposed —विरुद्ध
Opposed to —के विरुद्ध
Opposite —विरोधी

•

120. Destitute, Bankrupt, Impoverished, Indigent, Insolvent, Poor, Impecunious

Destitute : अकिंचन, निराश्रित—वह, जो अपनी नितांत जरूरी बातों की पूर्ति भी नहीं कर सके/आश्रयहीन/हीन/दीन।
(Lacking possessions and resources of life especially the necessaries of life)

Destitute circumstances—दीन अवस्था

Bankrupt : दिवालिया—जब कोई व्यक्ति अपने आपको दीन घोषित कर दे। (जब बैंक में कुछ भी रुपया न रहे)
(Insolvent person whose estate is administered and distributed for benefit of all his creditors)

Bankruptcy—दिवाला

Impoverished : कंगाल—वह जो अपनी सम्पत्ति लुटा चुका हो।
(Exhausted, made poor)

Indigent : विपन्न, दीनहीन—जो इतने अधिक आर्थिक कष्ट में हो कि मुश्किल से खर्च चला सके।
(Needy ; poor)

Indigent circumstances—दीन, निर्धनावस्था

Insolvent : दीन, दिवालिया—वह जिसकी जायदाद का मूल्य इतना नहीं है कि उधार चुकाया जा सके।
(One who has not sufficient property for the full payments of his debts)

Insolvency—दिवालियापन

Poor : दरिद्र (ग़रीब)—जिसके पास अपना व्यय/खर्च चलाने के साधनों की कमी हो।
(Not having means to procure comforts or necessaries of life)

Impecunious : दरिद्र—जिसके पास थोड़ा या बिल्कुल धन नहीं है। जो स्वभाव से ग़रीब बना रहता है।
(Having little or no money)

•

121. Determine, Decide, Resolve, Settle, Conclude

Determine : अवधारित करना—निर्धारित/नियत करना।
(To settle or decide ; to lay down decisively or authoritatively)

Determine the appeal—अपील का अवधारण करना
Determine by lot —लॉट डालकर अवधारित करना
Determination —अवधारण
Determinable —अवधार्य

Decide : विनिश्चित करना—भली प्रकार निश्चय करना।
(To determine a question, controversy or cause)

Decision —विनिश्चय

Resolve : 1. निश्चय करना
2. संकल्प करना—निश्चय के साथ दृढ़ धारणा बनाना।
(Make up one's mind upon action or doing ; form mentally)

Resolved —संकल्प किया गया
Resolution —संकल्प

Settle : तय करना—तय करना, किसी मसले/मामले को निपटाना।
(To decide by arrangement between the contesting parties)

Settled —तय हुआ
Settlement —समझौता

Conclude : निष्कर्ष निकालना—अच्छी तरह खूब सोच-विचार कर निश्चय करना।
(Settle, arrange ; decide to do ; bring to an end)

•

122. Difference, Disparity, Dissimilarity, Divergence, Diversity

Difference : अन्तर, भिन्नता—अलग प्रकार का होना।
(Distinction)

Difference of procedure—प्रक्रिया में अन्तर
Different —भिन्न

Disparity : असमानता—जो समानता नहीं रखता।
(Inequality, incongruity)

Dissimilarity : असमरूपता—जो किसी से मेल न खाता हो।
[Unlikeness (to)]

Divergence : विचलन, भिन्नता—विशेष रूप से भिन्न ; परस्पर विरोधी।
(Diverging)

Divergent—परस्पर विरुद्ध

Diversity : विविधता—प्रत्यक्ष रूप से जिसमें विभिन्नता हो।
(Being diverse, variety)

Diverse—असमान

•

123. Dignity, Decency, Decorum, Etiquette, Propriety

Dignity : प्रतिष्ठा, गरिमा—अपने मान, पद, स्थान आदि के अनुकूल व्यवहार।
(Elevated manner ; proper stateliness)

Dignitary—उच्चपदस्थ

Decency : शालीनता—ऐसा व्यवहार जो अच्छे स्वभाव का परिचायक हो, शीलवान/शीलवती।
(Demeanour ; due regard to what is becoming)

Decent—शिष्ट

Decorum : मर्यादा—पद/परिस्थिति के अनुकूल व्यवहारशीलता।
(Seemliness ; particular usage required by politeness or decency)

Etiquette : शिष्टाचार—सभ्य समाज के लिए नियत आचरण जिनका पालन करना अनिवार्य समझा जाता है।
(Conventional rules of personal behaviour in polite society)

Propriety : सौजन्य, औचित्य—आचरण के अनुकूल, जितनी सज्जनता उचित है।
(Conformity with requirement ; suitability)

Propriety of order—आदेश का औचित्य

●

124. Dishonest, Deceitful, Fraudulent, Lying, Treacherous, Untruthful

Dishonest : बेईमान—जो ईमानदार न हो ।
(Wanting in honesty)

Dishonest removal—बेईमानी से हटा ले जाना
Dishonestly —बेईमानी से

Deceitful : धोखेबाजी, प्रवंचनापूर्ण—धोखा देनेवाला या छल करनेवाला ।

Deceitful means—प्रवंचनापूर्ण उपाय

Fraudulent : कपटपूर्ण—जो कपट से युक्त हो ।
(Serving the purpose of, or accomplished by fraud)

Fraudulent claim —कपटपूर्ण दावा
Fraudulent entry —कपटपूर्ण प्रवेश

Lying : झूठा—झूठ बोलनेवाला ।
(Deceitful, false)

Treacherous : विश्वासघाती—विश्वास में रखकर चोट पहुँचानेवाला ।
(Betraying trust ; deceptive)

Treacherously—विश्वासघातपूर्वक

Untruthful : असत्य—जो सत्यतापूर्ण न हो ।

(Full of false statement)

125. Dishonour, Disregard, Ignore, Disrespect, Disdain, Contempt, Humilation, Insult, Neglect, Despise, Scorn, Contemn

Dishonour : अनादर—आदर का विलोम।
(The reverse of honour)

Dishonoured—अनादृत/अनादृत कर देना

Disregard/Ignore : अवहेलना—किसी की ओर ध्यान न देना ; किसी को महत्त्व न देने का भाव।
(To pay no attention ; treating of something unimportance)

Disrespect : निरादर—किसी का आदर न करना ; बेइज़्ज़ती।
(Dis-respect)

Disdain : तिरस्कार—अभिमान के साथ किसी दूसरे का तिरस्कार करना।
(Look at with contempt)

Contempt : अवमान—ऐसी मानसिक स्थिति जिसमें किसी को व्यर्थ समझा जाए।
(A mental attitude in which a thing is considered as vile and worthless)

Contempt of court—न्यायालय का अवमान

Humiliation : मानहानि, तौहीन—कुछ ऐसा कहना/करना जिससे किसी की इज़्ज़त को ठेस लगे।
(Feeling ashamed/humble)

Insult : अपमान—किसी कर्म अथवा शब्द द्वारा किसी दूसरे की बेइज़्ज़ती।
(A gross indignity offered to another by act or by word)

Insulting—अपमानजनक

Neglect : उपेक्षा—किसी ओर बिल्कुल ध्यान न देना।
(To pay little or no attention)
Neglect of duty—कर्त्तव्य उपेक्षा
Neglected —उपेक्षित

Despise : तुच्छ—किसी को तुच्छ समझना। घृणित समझकर तिरस्कृत करना।
(Consider worthless)

Scorn : हेय समझना—तिरस्कार के साथ देखना, हेय समझना।
(Feeling that somebody deserves no respect)

Contemn : उपेक्षा (तीखी)—तीखे स्वर में उपेक्षा के भाव के साथ कहना।
(Treat with disregard)

•

126. Dismiss, Eject, Evict, Expel, Oust

Dismiss : सेवा से निकालना, पदच्युत करना—सेवा से जबर्दस्ती निकालना।
(To send away or remove from office, employment or position)
नोट : अदालत में ख़ारिज करने के अर्थ में भी प्रयुक्त।

Dismissal—पदच्युति

Eject : निकाल बाहर करना—अन्दर से बाहर फेंकना।
(To throw out)

Evict : बेदख़ल करना—क़ानूनी ढंग से बाहर करना।
(To eject)
Eviction inspector—बेदख़ली निरीक्षक

Expel : निष्कासित करना—बलात् बाहर करना।
(To dislodge)

Expelled—निष्कासित

Oust : निकाल देना, पदच्युत करना—अवांछनीय व्यक्ति/व्यक्तियों को पद/स्थान से हटाना।
(Drive or push out from his employment, position etc.)

•

127. Distress, Agony, Anguish, Gloom, Grief, Mourning, Sorrow, Suffering, Woe

Distress : कष्ट—मानसिक चिन्ता, किसी घरेलू/पारिवारिक दुःख से होनेवाला कष्ट।
(Cause anxiety to, severe pressure of pain)

Agony : यंत्रणा, वेदना—घोर मानसिक अथवा शारीरिक कष्ट के कारण हुई वेदना।
(Extreme mental or physical suffering)

Agonising—दुःखद, दर्दनाक

Anguish : मनोव्यथा, मनस्ताप—गहरी मानसिक व्यथा।
(Severe mental pain, sometime bodily too)

Gloom : अवसाद—दुःखमय।
(Melancholy)

Grief : विषाद—गहरा दुःख।
(Deep or violent sorrow)

Mourning : शोक (ग़म), मातम—किसी की मृत्यु पर जो अत्यधिक दुःख होता है, उस अवस्था को शोकाकुल अवस्था कहते हैं।
(Expressing sad, sorrowful)

Sorrow : दुःख—व्यक्तिगत होता है।

(Sadness caused by loss of good or occurrence of evil)

Suffering : पीड़ा, व्यथा, भोग—भोगा जा रहा कष्ट, दुःख।

(Experiencing pain, grief)

Woe : क्लेश—मानसिक दुःख।

(Bitter grief, distress)

Torture : यातना—घनघोर शारीरिक कष्ट देना ही, यातना है।

(The infliction of excruciating pain)

•

128. Duplicate, Copy, Facsimile, Replica, Reproduction

Duplicate : दूसरी प्रति, प्रतिलिपि—ऐसी दूसरी व अन्य प्रतियाँ जो एक साथ तैयार हुई हैं।

(A second copy of a letter/document ; a copy)

In duplicate —दो प्रतियों में
Duplicate certificate —प्रमाणपत्र की दूसरी प्रति

Copy : प्रति, प्रतिलिपि—मूल के समीपतम नक़ल।

(A transcript or reproduction of an original work)

Corrected copy—शुद्ध प्रति
Copyist —नक़लनवीस

Facsimile : अनुलिपि, प्रतिरूप—हू-ब-हू की गई नक़ल ; अनुप्रति।

(An exact copy/counterpart)

Facsimile seal—मुद्रा का प्रतिरूप

Replica : प्रतिकृति—ऐसा चित्र जो मूल कलाकार (चित्रकार) ने अपने किसी अन्य चित्र का अनुकरण कर बनाया हो।
(Duplicate made by original artist of his picture etc.)

Reproduction : प्रतिरूप, प्रत्युत्पादन—किसी भी चीज़ का अनुकरण कर बनाई गई प्रति।
(Producing again)

●●

E

129. Effects, Assets, Belongings

Effects : माल, चीजबस्त—वह माल जो हटाया जा सके।
(Goods and chattels ; movable property)

Assets : परिसंपत्ति, आस्तियाँ—किसी व्यक्ति की संपत्ति जिसका अधिकार उत्तराधिकारी को भी मिले।
(The property of a person available for the inheritance of an heir ; all that one owns)

Combined assets—सम्मिलित आस्तियाँ

Belongings : माल, असबाब—व्यक्तिगत माल-असबाब।
(Personal effects)

•

130. Election, Selection, Choice, Alternative, Option, Picking, Preference

Election : निर्वाचन—औपचारिक रूप से चुनने की प्रक्रिया और चुनाव।
(Election in law is when a man is left to his own free will to take or do one thing or another, which he pleases)

Election meeting—निर्वाचन सभा
Elected —निर्वाचित

Selection : चयन, वरण—बहुत सी दी हुई चीज़ों अथवा नौकरी के लिए आये अभ्यर्थियों में से छाँटकर सावधानी से चुनना।
(Choice ; being selected)

Selection post —चयन पद
Selection Board —चयन बोर्ड

Choice : चुनाव—अपनी पसन्द करना, चुनने की क्रिया।
(Selection)

Choice of posting—तैनाती का चुनाव

Alternative : अनुकल्प—दो संभावनाओं में से एक को चुनना, किन्हीं दो चीज़ों/प्रश्नों में से एक को लेना।
(The one or the other of two things ; of the two things such that one or the other may be chosen)

Alternative promise—अनुकल्पी वचन
Alternatively —अनुकल्पतः

Option : चुनने की स्वतन्त्रता, विकल्प—क़िसी को भी चुनने की स्वतन्त्रता।
(Power or liberty of choosing)

At the option of—के विकल्प पर
Optional —वैकल्पिक

Picking : चुनना (चयन)—किन्हीं दिये हुए पदार्थों, वस्तुओं आदि में से एक को ले लेना।
(Selection ; right to select)

Preference : अधिमान—किसी कारण से अथवा अपनी निजी प्रवृत्ति के कारण किसी को अधिक महत्त्व देने का भाव ; वरीयता/तरज़ीह देने का भाव।
(Liking of or for one thing better than another)

Preference share—अधिमानी अंश
Preferential —अधिमानी

•

131. Element, Constituent, Component, Factor, Ingredient, Part

Element : तत्त्व—किसी भी पदार्थ का वह छोटा-सा अंश जिससे वह पदार्थ बनता है।
(One of the parts of which something is composed)

Constituent : संघटक, घटक—किसी भी सम्पूर्ण चीज़/विचार/संस्था का महत्त्वपूर्ण घटक।
(Forming or helping to make a whole)

Constituent part —संघटक भाग
Constituent of a group—समुदाय का घटक

Component : घटक, अवयव—किसी इकाई का एक अंश।
[Helping to form (a complete thing)]

Component part—घटक भाग

Factor : कारक—ऐसी बात जो प्रभाव, वह भी निर्णायक, उत्पन्न करे।
[Something (as an element, circumstance or influence) that contributes for the production of a result]

Factors affecting—प्रभाव डालनेवाले कारक

Ingredient : अंग, अंश—मिश्रण/घोल तैयार करने का एक अंश।
(A constituent unit)

Material ingredient—तात्त्विक अंग

Part : भाग, अंश—किसी पूर्ण का एक भाग, अंश।
(One of the equal or unequal portions into which something is or is regarded as divided)

Part delivery—भागिक/आंशिक परिदान
In part —भागतः, अंशतः

•

132. Enquiry, Examination, Check, Inspection, Scrutiny, Test

Enquiry : 1. पूछताछ—1. साधारण पूछताछ।
2. जांच —2. अदालती कार्यवाही से इतर **जांच**।
(Includes any enquiry other than trial)

Enquiry Assistant —पूछताछ सहायक
Enquiry before assessment—निर्धारण के पूर्व जांच

Examination : परीक्षा—वैधता, गुणवत्ता, स्थिति आदि की दृष्टि से भली प्रकार जांच/परीक्षण।
(The action or process of examining)

Cross-examination—प्रतिपरीक्षा

Check : जाँच-पड़ताल—जाँच-पड़ताल करना, चैक करना।
(Control to secure accuracy)

Checker —चैकर, जैसे टिकट चैकर
Checking officer —पड़ताल अधिकारी

Inspection : निरीक्षण—विशेषतः चूक, दोष और गुण आदि निकालने के लिए भली प्रकार देखना-भालना।
(The right of public officials to examine articles which are subject to regulation ; to see whether statutory rules are being enforced etc.)

Inspection-house—निरीक्षण-गृह
Inspector —निरीक्षक

Scrutiny : संवीक्षण, छानबीन—किसी चीज को गौर से देखना जिससे प्रत्येक छोटी-छोटी बात की जाँच हो जाए और समझा जाए।
(Critical examination of anything)

Scrutiny officer—संवीक्षा अधिकारी
Scrutiniser —संवीक्षक

Test : परख, परीक्षण—उपयोग, प्रयोग आदि में कोई चीज/पदार्थ कहाँ तक खरी उतरती है, इस बात की जाँच और परीक्षण।
(Critical trial, a trial of fitness)

Test clerk —परीक्षण लिपिक
Test of competence—सक्षमता का परीक्षण

•

133. Equal, Equivalent, Alike, Identical, Resembling, Same, Similar, Very

Equal : समान, बराबर—जिन दो व्यक्तियों में गुण, मात्रा आदि की दृष्टि से अन्तर न हो।

Equal shares—समान अंश

Equivalent : तुल्य—परिमाण, शक्ति आदि से बराबर, एक-समान। अर्थ की दृष्टि से समान।
(Equal in value, measure, force, effect etc.)

Alike : सदृश—जो किसी दूसरे से समानता लिये हुए हो।
(In like manner)

Identical : तद्रूप, समरूप—प्रत्येक ब्यौरे की दृष्टि से एक-सा।
(The very same)

Resembling : मिलता-जुलता—दो या अधिक में अधिकतर समानता झलकती हो।
(Being similar or alike)

Same : वही, एक ही—कोई अन्य या और दूसरा नहीं, हू-ब-हू।
(Identical with what has been indicated)
(One and the same)

Similar : वैसा ही—जैसा एक है, वैसा ही दूसरा।

Similar payment—वैसे ही संदाय

Very : बिल्कुल वही—एकदम वही।
(Real, true, genuine)

•

134. Existing, Current, Prevailing, Prevalent

Existing : विद्यमान—जो इस समय है।
(Continuing in being)

Existing facts —विद्यमान तथ्य
Existing liability—विद्यमान दायित्व

Current : चालू—सामान्य रूप से जिसे सब जानते हों और मानते भी हों।
(Which is prevalent at the present)

Current account—चालू खाता
Current business—चालू कामकाज

Prevailing : सर्वाधिक प्रचलित—अन्य पदार्थों/नियमों से प्रचलन में बढ़कर।
(Occur in general use or experience, be current)

Prevailing conditions—विद्यमान दशाएँ
Prevailing prices —प्रचलित (विद्यमान) कीमतें

Prevalent : प्रचलित, चलनसार—जो चलन में हो।
(Which is current in use, predominant)

Prevalence—प्रचलन

•

135. Expert, Proficient, Skilled, Specialist

Expert : विशेषज्ञ—वह व्यक्ति जिसने किसी विषय का विशेष अध्ययन किया हो।

(A person who has made special study of the subject or acquired special experience therein)

Handwriting expert—हस्तलेख विशेषज्ञ

Proficient : प्रवीण—जो किसी क्षेत्र विशेष में प्रवीणता रखे।

(Attained the high degree of knowledge or skill)

Proficiency—प्रवीणता

Skilled : कुशल—योग्यता के साथ व्यावहारिक ज्ञान।

(Having practical knowledge in combination with ability)

Skilled labourer—कुशल श्रमिक
Skilled work —कौशलपूर्ण काम

Specialist : विशेषज्ञ—वह जिसने किसी विषय या उसकी किसी शाखा विशेष में विशिष्ट ज्ञान प्राप्त कर लिया हो।

(A person who is an expert in a special branch of work)

Specialist course—विशेषज्ञ पाठ्यक्रम

•

136. Express, Explicit, Definite, Specific

Express : अभिव्यक्त करना—स्पष्ट तथा प्रत्यक्ष कर सकना।

(To give expression to)

Express condition—अभिव्यक्त शर्त
Express consent —अभिव्यक्त सम्मति

Explicit : स्पष्ट—इतना अधिक स्पष्ट कि किसी प्रकार का भ्रम पैदा न हो।
(Stated in detail)

Definite : निश्चित—हर प्रकार से निश्चित।
(Distinct ; precise ; having exact limits)

Definite basis —निश्चित आधार
Definite period—निश्चित अवधि

Specific : विनिर्दिष्ट—जो साफ़ व ब्योरेवार स्पष्ट हो।
(Distinctly formulated)

Specific fact —विनिर्दिष्ट तथ्य
Specific name —विनिर्दिष्ट नाम

●●

F

137. Faculty, Aptitude, Craft, Dexterity, Genius, Intelligence, Knack, Skill, Talent

Faculty : मनःशक्ति—ऐसी मन की शक्ति ; नैसर्गिक शक्ति जिससे काम आसानी से हो जाए।
(A mental power e.g. the will, reason)

Aptitude : 1. प्रवृत्ति —कुशलता प्राप्त करने की ओर रुझान।
2. अभिरुचि —विशेष रुचि।
(Natural propensity or talent)

Craft 1. कारीगरी (शिल्प)—हाथ का कार्य करने में कुशलता।
2. हस्तकौशल
(Skill ; art)

Dexterity : निपुणता—किसी कार्य को करने में कुशलता।
(Skill ; neatness of handling)

Genius : प्रतिभा—जन्मजात प्रतिभा, रचनात्मक भी हो सकती है।
(Natural ability ; creative or inventive capacity)

Intelligence : बुद्धिमत्ता—समझ, किसी विशेष डिग्री तक समझ का गुण।
(Understanding ; intellect)

Knack : पटुता, ढब—ऐसी मानसिक शक्ति जो अर्जित की गई है।
(Acquired faculty of doing a thing adroitly)

Skill : कौशल—योग्यता के साथ व्यावहारिक ज्ञान।
(Expertness ; practised ability)

Talent : गुणवत्ता, प्रतिभा—नैसर्गिक योग्यता जिससे कोई विशेष काम सिद्ध हो जाए।
(Special aptitude, faculty)

•

138. Fault, Error, Lapse, Mistake, Blunder, Slip

Fault : त्रुटि—त्रुटि तथा कभी-कभी कसूर के अर्थ में भी प्रयुक्त ।
(Error or mistake)

Error : ग़लती—दण्डनीय त्रुटि ।
(Something incorrectly done through ignorance or inadvertence)

Error in writing —लिखने की ग़लती
Error in register —रजिस्टर में ग़लती

Lapse : चूक—मामूली ग़लती के भाव में । 'बीत जाने' के अर्थ में भी प्रयुक्त ।
(Slight error in behaviour)

Lapse in duty—कर्त्तव्य में चूक

Mistake : भूल—असावधानी या ग़लत धारणा से हो जानेवाली ग़लती ।
(Arising either from ignorance or from a false belief on the point)

Clerical mistake—लेखन भूल
Mistake of fact —तथ्य की भूल

Blunder : महाभूल—बहुत बड़ी भूल जो एक ओर मूर्खता की परिचायक है दूसरी ओर दण्डनीय है ।
(Foolish and careless mistake)

Slip : भूलचूक—असावधानी के कारण छूट जानेवाली छोटी-मोटी भूल ।
(Small mistake, esp. slip of the pen, tongue)

Accidental slip—आकस्मिक भूल

●●

G

139. Gratification, Contentment, Pleasing, Satisfaction

Gratification : परितोष—सुखद तथा संतोषजनक।
(A reward, recompense)

Gratification as a motive—हेतु के रूप में परितोषण

Contentment : संतोष—जितनी आवश्यकता है उतना प्राप्त होने का सुख।
[State of being content (satisfied)]

Pleasing : सुखद—रमणीय और रुचिमय।
(Agreeable/giving pleasure)

Satisfaction : 1. तुष्टि —1. तुष्टि।
(The state of being satisfied)

2. समाधान—2. समाधान।
(Removal of doubt)

Complete satisfaction—पूर्ण तुष्टि
Objective satisfaction—वस्तुपरक समाधान

•

140. Guarantee, Promise, Assure, Ensure, Secure, Warrant

Guarantee : प्रत्याभूत करना (गारंटी देना)—गारंटी (प्रत्याभूति) देना।
(The action of securing or guaranteeing security)

Guarantee commission—प्रत्याभूति कमीशन
Guaranteed —गारण्टीशुदा, प्रत्याभूत

Promise : वचन देना, वायदा करना—भविष्य के संबंध में किसी एक व्यक्ति द्वारा दूसरे को किया गया वायदा।
(A declaration made to another person with respect to the future)

Breach of promise—वचन-भंग
Promise —वचन
Promisee —वचनगृहीता
Promisor —वचनदाता

Assure : आश्वस्त करना—विश्वास दिलाने के लिए दिया गया कथन/वचन।
(To give a positive declaration intended to give confidence)

Assurance—आश्वासन

Ensure : सुनिश्चित करना—किसी भी तथ्य, बात को ठोक-बजाकर निश्चित करना।
(To make sure, certain or safe)

Ensure compliance—अनुपालन सुनिश्चित करना

Secure : प्रतिभूत करना—(किसी ऋण) आदि के लिए प्रतिभूति देना।
[To give security for (any debt)]

Securing the repayment—प्रतिसंदाय प्रतिभूत करना
Secured —प्रतिभूत
Security —प्रतिभूति

Warrant : समाश्वासन देना—ठीक तथा पर्याप्त आधार प्रस्तुत करना।
(To furnish good and sufficient ground for)

Warranty —वारंटी
Warranted —आवश्यक

●

H

141. Harm, Hurt, Damage, Injury, Loss, Impair, Spoil

Harm : अपकार, अपहानि—कष्ट या दुःख देकर अपकार/अपहानि पहुँचाना।
[Evil (physical or otherwise) as done or suffered)

Harm reputation—ख्याति की अपहानि करना
Harmful —अपहानिकर, हानिप्रद

Hurt : चोट, ठेस, उपहृति—किसी को शारीरिक चोट या मानसिक ठेस लगाना।
(To cause pain to/a bodily injury)

Damage : नुक़सान/क्षति—नुक़सान या क्षति पहुँचाना।
(Loss, detriment)

Damage caused—कारित नुकसानी
Damages —नुकसानी

Injury : क्षति/विकृत किया हुआ—आघात द्वारा रूप-रंग, शरीर विकृत या नष्ट करना।
(An infringement of the rights of another, in his person, reputation or property)

Personal injury—वैयक्तिक क्षति

Loss : हानि—किसी कारोबार में लाभ न होना। किसी भी प्रकार की हानि।
(The act or fact of losing)

Loss of business—कारबार की हानि
Loss of life —जीवन-हानि

Impair : ह्रास करना—विकार उत्पन्न कर कमज़ोर बनाना।
(To diminish the quality, value, excellent or strength of a thing)

Impairing—ह्रासन

Spoil : बिगाड़ना—ख़राब करना/नष्ट-भ्रष्ट करना।
[Diminish the good quality of; injure character (person etc.)]

Spoiled stamps—ख़राब हुए स्टाम्प

•

142. Honesty, Integrity, Sincerity

Honesty : ईमानदारी—ईमानदार होने/रहने की अवस्था।
(Straight forward ; not cheating)

Honest —ईमानदार
Honestly —ईमानदारी से

Integrity : सत्यनिष्ठा—सच्चरित्रता ; विश्वासभाजन होने की अवस्था ; सदाचारी।
(Uprightness)

Sincerity : सच्चापन, कर्त्तव्यनिष्ठा—सत्यशील ; सच्चाई-भरा ; निष्कपट साथ ही निश्छलता का भाव।
(Noun from 'Sincere'—not in the habit of expressing feelings that are not genuine)

•

143. Honour, Award, Decoration, Prize, Reward

Honour : सम्मान—[सम् + मान]—आदर, प्रतिष्ठा ।
(Respect, high estimation)

Honours—सम्मानक

Award : 1. पुरस्कार —1. किसी अच्छे काम के बदले में प्राप्त ।
(Something that is conferred or bestowed)

2. अधिनिर्णय —2. अधिनिर्णय—न्यायालय में ।

Decoration : अलंकरण—कोई स्टार, क्रास, मैडल या बैज जो सम्मान हेतु दिया जाता है ।
(A star, cross, medal or other badge conferred and worn as a mark of honour)

Prize : पारितोषिक—किसी प्रतियोगिता में सफल होने के बाद प्राप्त होनेवाला पुरस्कार ।
(Reward striven for in a competition or in contest of chance)

Reward : इनाम, पुरस्कार—किसी अच्छे काम, सेवा आदि के लिए दिया जानेवाला इनाम जो धनराशि के रूप में हो सकता है ।
(A recompense or grant for service rendered or merit displayed)

●●

I

144. Illegal, Illicit, Illegitimate, Unlawful

Illegal : अवैध—जो वैध नहीं है।
(Contrary to law)

Illegal charge —अवैध प्रभार
Illegal contract —अवैध संविदा

Illicit : अयुक्त—जो विधिसम्मत नहीं है। बिना प्राधिकार के।
(Not authorized; without proper licence or authority)

Illicit trade—अवैध व्यापार

Illegitimate : जारज, अधर्मज—अनुचित बालक, जिसका जन्म वैध नहीं है।
(Not born in lawful wedlock)

Illegitimate child—अधर्मज शिशु
Illegitimacy —अधर्मजत्व

Unlawful : विधि-विरुद्ध—विधि के ख़िलाफ़।
(Against rule; that which is contrary to law)

Unlawful assembly—विधिविरुद्ध जमाव
Unlawful purpose —विधिविरुद्ध प्रयोजन

•

145. Inaugration, Beginning, Commencement, Dawn, Inception, Initiation, Launching, Outset, Start

Inaugration : उद्घाटन—जब किसी समारोह/उत्सव को औपचारिक रूप से प्रारंभ किया जाए। शुभारम्भ।
(Initiation of public use of building etc.)

Beginning : शुरुआत (प्रारंभ)—किसी कार्य का आरंभ करना।
(Time at which anything begins)

Commencement : आरंभ, प्रारंभ—ऐसी कार्रवाई जो औपचारिक रूप से आरंभ की गई हो।
(Commencing)

Commencement of act—अधिनियम का प्रारंभ।

Dawn : उदय—दिन का प्रारंभ।
(Morning, of day)

Inception : आरंभ—किसी भी स्थान/वस्तु/संस्था का आरंभ।
(Beginning)

Initiation : श्रीगणेश, आरंभ करना—किसी भी महत्त्वपूर्ण कार्य के पहले चरण को प्रारंभ करना।
(Originate action/work ; Beginning)

Initiation of proceedings—कार्यवाहियों को शुरू करना/आरंभ करना

Launching : समारंभ—आजकल किसी भी प्रक्षेपण/प्रोजेक्ट को प्रारंभ करने के लिए प्रयोग में आता है।
(Send forth missile, blow etc.)

Outset : प्रारंभ में—किसी भी मीटिंग (बैठक) की शुरुआत में।
(Start, commencement)

Start : सूत्रपात—किसी भी कार्य को आरंभ कर आगे बढ़ाना ।
(Begin, commence work etc.)

•

146. Indecent, Improper, Indecorous, Unbecoming, Unseemly

Indecent : अशोभनीय, अशिष्ट—जो शिष्ट न हो ; नैतिक दृष्टि से आक्षेप-पूर्ण ।
(Not decent ; unfit to be heard)

Indecent act—अशिष्ट कार्य

Improper : अनुचित—जो मान्य स्तर से उचित न हो ।
(Not proper)

Improper admission —अनुचित ग्रहण/प्रवेश
Improper description—अनुचित वर्णन
Improperly —अनुचित रूप से/तौर से

Indecorous : अशिष्टतापूर्ण—जो शिष्टता के मानदण्ड के अनुकूल न हो ।
(In bad taste)

Unbecoming : अशोभनीय—जो किसी व्यक्ति के लिए उचित न हो ।

Unbecoming the character of an officer —आफ़िसर के लिए अशोभनीय

•

147. Indifferent, Detached, Disinterested, Neutral

Indifferent : उदासीन—विरक्त, जिसका मन किसी कारण से हट गया हो ।
(Having no interest in or sympathy for)

Indifferent person—उदासीन व्यक्ति

Detached : निरपेक्ष, वियोजित—अलग-थलग रहनेवाला।
[(Not attached) unemotional]

Detached service— वियोजित सेवा

Disinterested : निस्पृह—पक्षपात-रहित, बिना किसी विशेष रुचि या निजी स्वार्थ के/हितरहित।
(Not influenced by one's own advantage, impartial)

Disinterested judge—हितरहित जज

Neutral : तटस्थ—जो झगड़े में किसी का पक्ष न ले।
(Taking neither side in dispute)

Neutral State—तटस्थ राज्य

•

148. Infer, Conclude, Deduce, Gather, Judge

Infer : अनुमित करना—तथ्यों या साक्ष्य के आधार पर किसी अन्तिम निर्णय पर पहुँचना।
(To derive by reasoning or implication)

Conclude : निष्कर्ष निकालना—तर्क के बल पर अन्तिम निष्कर्ष निकालना।
(Bring or come to an end)

Deduce : अनुमान करना—अनुमान द्वारा अन्तिम निर्णय पर पहुँचना।
[Infer ; draw as conclusion (from)]

Gather : समझना—तथ्य तथा तर्कों के आधार पर निर्णय पर पहुँचना।
(Infer, deduce)

Judge : निर्णय लेना—निरीक्षण और परीक्षण द्वारा निर्णय पर आना।
इससे व्युत्पन्न Judgement (a judicial decision or order in court ; the statement given by the judge—निर्णय of the grounds of his order)

•

149. Initial, Elementary, Fundamental, Preliminary, Primary

Initial : प्रारंभिक, आदि—किसी नस्तु/शब्द की सर्वप्रथम स्थिति।
(Existing at or constituting at the beginning)

Initial capital —आरंभिक पूँजी
Initial salary —आरंभिक वेतन

Elementary : आरंभिक, प्रारंभिक—किसी के विकास के आरंभकाल की स्थितियाँ।
(Of or in the beginning stage)

Elementary education—प्रारंभिक शिक्षा

Fundamental : मूल, आधारभूत—बुनियादी, अत्यधिक महत्त्वपूर्ण जिस पर सारा ढाँचा टिका हो।
(Forming a foundation ; of great importance)

Fundamental duties —मूल कर्त्तव्य
Fundamental rights —मूल अधिकार

Preliminary : आरंभिक, उपक्रम स्वरूप—उपक्रम के रूप में होनेवाला (सबसे पहले)।
(Preparatory, introductory)

Preliminary advice —प्रारंभिक सलाह
Preliminary inquiry —प्रारंभिक जाँच

Primary : प्राथमिक—किसी क्रम में सबसे पहला किया जानेवाला/होनेवाला।
(That which is first in order, rank or importance)

Primary evidence—प्राथमिक साक्ष्य
Primary society —प्राथमिक सोसाइटी

•

150. Inquiry, Inquest, Inquisition, Investigation, Probe

Inquiry : 1. पूछताछ—1. सामान्य पूछताछ।
(Seeking knowledge by putting a question)

2. जाँच —2. जांच।
(Making investigation)

Local inquiry—1. स्थानीय पूछताछ
2. स्थानीय जाँच

Inquest : मृत्यु-समीक्षा—संदिग्ध मृत्यु के संबंध में होनेवाली छानबीन; तहकीकात।
(An inquiry under the law as to the death of a person who has died under suspicious circumstances)

Inquisition : छानबीन—धर्मद्रोह के संबंध में की जानेवाली छानबीन अथवा मृत्यु-समीक्षण।

Investigation : अन्वेषण—सत्य का उद्‍घाटन करने के लिए तथ्यों की जाँच-पड़ताल।
(All the proceedings under the Criminal Procedure Code for the collection of evidence conducted by a police officer or by any other person who is authorised by the magistrate)

Investigation Inspector —अन्वेषक निरीक्षक
Preliminary Investigation —प्रारंभिक अन्वेषण
Investigator —अन्वेषक

Probe : जाँच—किसी समिति द्वारा जाँच-पड़ताल; तहकीकात।
(Inquire deeply into the causes)

•

151. Inspect, Examine, Scrutinize, Supervise, Test

Inspect : निरीक्षण करना—किसी स्थान/कार्यालय को भली प्रकार देखना।
(To view closely; to investigate officially)

Inspector —निरीक्षक
Inspection —निरीक्षण

Examine : परीक्षा करना— गुण, स्थिति की जाँच करना और यह भी देखना कि कहाँ तक वैध है।
[(Process of examining) to test critically]

Examine and test—परीक्षा और परीक्षण करना
Examiner —परीक्षक
Examination —परीक्षा

Scrutinize : संवीक्षा करना—ब्यौरे की हर छोटी से छोटी बात को ठीक प्रकार ध्यान से देखकर समझना।
(Make a thorough and detailed examination)

Scrutinise the votes—मतों की संवीक्षा करना
Scrutiniser —संवीक्षक
Scrutiny —संवीक्षा

Supervise : पर्यवेक्षण करना—साधिकार किसी के द्वारा सम्पन्न कार्य को देखना।
(To oversee with the powers of direction and decision)

Supervisor —पर्यवेक्षक
Supervision —पर्यवेक्षण

Test : जाँचना-परखना, परीक्षण करना—यह देखना कि प्रयोग में आने के लिए अमुक वस्तु कहाँ तक खरी उतरती है और लाभप्रद भी हो सकती है।
(A critical trial of fitness or an examination)

Test clerk —परीक्षण लिपिक
Test of ability —योग्यता का परीक्षण

•

152. Intention, Aim, End, Goal, Object, Objective, Purpose, Target, Motive, Intent

Intention : इरादा, आशय, अभिप्राय—मन में प्रारंभ में होनेवाली तीव्र इच्छा।
(Ultimate aim)

Common intention —सामान्य आशय
Contrary intention —प्रतिकूल आशय

Aim : लक्ष्य—मन की ऐसी आकांक्षा जिसकी पूर्ति के लिए व्यक्ति जी-जान से जुट जाता है।
(Object aimed at)

End : साध्य—वह, जो जीवन का उद्देश्य हो जिसकी प्राप्ति के लिए क्या साधन अपनाये जाएँ यह मात्र विचारणीय है।
(Object for which a thing exists)

Goal : ध्येय---ऐसा चरम लक्ष्य जिसको प्राप्त करने में काफ़ी परिश्रम करना पड़े।
(Object of effort or ambition)

Object : उद्देश्य—वह जिसे प्राप्त करना आवश्यक हो।
(Somthing on which the purposes are fixed as the end of an action)

Common object—सामान्य उद्देश्य

Objective : उद्देश्य—वह जिसे प्राप्त करना व्यक्ति की शक्ति तथा सामर्थ्य में हो और उसके साथ हो उसकी इच्छाशक्ति ।
(Denoting the object the point to which the operations are directed)

Purpose : प्रयोजन—ऐसा उद्देश्य जिससे व्यक्तिगत प्रयोजन सिद्ध हो ।
(The object which one has in view)

Purpose of justice—न्याय का प्रयोजन

Target : निशाना, लक्ष्य—मन की ऐसी आकांक्षा जिसकी स्पष्ट रूप से संकल्पना कर ली गई है ।
(Objective, minimum result aimed at)

Motive : हेतु—किसी कार्य के करने की पृष्ठभूमि में छिपा हुआ कारण ।
(Cause and reason that moves the will and induces action)

Intent : संकल्प—खूब सोच-विचारकर अन्तर्तम में ठीक से बना हुआ विचार ।
[Resolved, bent, (on doing)]

•

153. Interrogate, Ask, Enquire, Catechize, Query, Quiz, Question

Interrogate : परिप्रश्न करना—अधिकार के साथ कानून के अन्तर्गत पूछताछ करना ।
(Ask questions of, esp. closely or formally)

Ask : पूछना—मात्र जानकारी प्राप्त करने के उद्देश्य से पूछना ।
(Call for an answer to or about)

Enquire (Inquire) : जाँच करना, पूछताछ करना—ऐसी बात के बारे में पता लगाना जो ग़लत प्रतीत हो रही हो ।
(Make search—into matter)

Catechize : जिज्ञासा प्रकट करना—आध्यात्मिक (धार्मिक) विषयों से संबंधित जिज्ञासा।
(Put questions to, examine)

Query : संशय में प्रश्न करना—ऐसी स्थिति में प्रश्न करना जब संशय उत्पन्न हो जाए।
(A question expressing doubt)

Quiz : व्यवस्थित ढंग से पूछना—गंभीरता के साथ प्रश्नों के उत्तर पूछना।
(Interrogation ; test of knowledge)

Question : प्रश्न करना—किसी निमित्त प्रश्न करना, एक-साथ अथवा एक-एक कर।
(To elicit answer)

L

154. Labour, Work

Labour : श्रम—ऐसा काम जिससे शारीरिक थकावट हो।
(Bodily or mental torl)

Labour Court—श्रम न्यायालय
Hard labour —कठोर श्रम
Labourer —श्रमिक

Work : काम, कार्य—सामान्यत: किसी भी प्रकार का प्रयत्न।
(Something that is done ; task)

Work for hire—भाड़े पर काम करना
Worker —कार्यकर्त्ता, कर्मकार
Working —कामकाज

•

155. Late, Overdue

Late : लेट, देर से—निश्चित समय के बाद ; उपयुक्त समय पर न आने या न होनेवाला।

Late coming—देर से आना

Overdue : कालातीत—जिसके होने का समय बीत चुका है अथवा जिसको बहुत पहले हो जाना था।
(After the proper assigned time)

•

156. Latent, Dormant, Hidden, Potential

Latent : प्रच्छन्न, अप्रकट—अस्तित्व में होते हुए भी अभी तक छिपा हुआ हो ; अलक्षित।

(Existing but not developed)

Latent defect—अप्रकट खराबी

Dormant : प्रसुप्त—क्रियाशील न होने के कारण सोया हुआ प्रतीत हो।

(Lying inactive as in sleep)

Hidden : अदृश्य, गुप्त—जो प्रकट न हुआ हो, छिपा हुआ।

[Put out of sight ; keep (fact) secret from]

Potential : अव्यक्त, संभाव्य—जो अभी तक विकसित न होने के कारण प्रकट नहीं हुआ है।

(Capable of coming into being or action)

Potential purchaser—संभावी क्रेता

•

157. Legal, Lawful, Legitimate, Valid

Legal : वैध, विधिक—विधि (क़ानून) संबंधी।

(Of or relating to law ; recognized by law ; founded upon law)

Legal advice—विधिक सलाह
Legal act —वैध कार्य

Lawful : विधिपूर्ण—जो विधि (क़ानून) से परिपूर्ण हो।

(According to law ; permitted by law)

Lawful act —विधिपूर्ण कार्य
Lawful authority —विधिपूर्ण प्राधिकार

Legitimate : विधिसम्मत—विधिसम्मत ।

(In accordance with law or propriety)

Legitimate origin—विधिसम्मत उद्गम
Legitimate use —विधिसम्मत उपयोग

Valid : विधिमान्य—विधि (क़ानून) द्वारा मान्य ।

(Adequate in law ; legally binding)

Valid charge—विधिमान्य आरोप
Valid vote —विधिमान्य मत

●●

M

158. Malice, Grudge, Illwill, Malignity, Rancour, Spite

Malice : विद्वेष—जिस भाव द्वारा दूसरों को दुःखी करने/देखने में आनन्द आए।
(It signifies an intentional doing of a wrongful act without just cause or excuse determined by an improper motive)

Malicious—विद्वेषपूर्ण

Grudge : डाह, दुर्भाव—ऐसा बुरा भाव (दुर्भाव) जो आक्रोश से पैदा हो।
(Be unwilling to give or allow)

Grudgingly—अनिच्छा से, डाह से

Illwill : वैरभाव— दूसरे का बुरा चाहने की कामना।
(Ill-will)

Malignity : वैर, कुभावना—ऐसी बुरी भावना जो निर्मम और घातक सिद्ध हो सकती है।
(Feeling intense illwill)

Rancour : मत्सर—ऐसा उग्र बुरा भाव जो दूसरों को कष्ट देने के लिए व्याकुल करता रहे। अति द्वेष का भाव।
(Deep and long-lasting feeling of bitterness)

Spite : वैमनस्य—ऐसा बुरा भाव जिसके परिणामस्वरूप दूसरे को परेशान किया जाए।
(Desire to cause pain or damage)

•

159. Memorandum, Representation

Memorandum : ज्ञापन—ज्ञाप/ज्ञापन ; किसी कार्रवाई के पक्ष अथवा विपक्ष के आधार बिन्दुओं की संक्षिप्ति।
(The writing in which the terms of transaction or contract are embodied ; a summary of the grounds for or against an action)

Memorandum of an argument—करार का ज्ञापन
Memorandum of a body —निकाय का ज्ञापन

Representation : 1. अभ्यावेदन —1. विशेष रूप से दिया गया आवेदन।
2. प्रतिनिधित्व —2. किसी/किन्हीं की ओर से प्रतिनिधित्व करना।
[1. A formal and serious statement of facts, reasons or arguments made with a view to affecting some change)
2. The action of representing (another)]

Representation in writing —लिखित अभ्यावेदन
Representation of beneficiaries—हित-अधिकारियों का प्रतिनिधित्व

•

160. Misconduct, Corruption, Debase, Deprave, Debauch, Immoral, Misdeed, Pervert

Misconduct : अवचार—मान्य नैतिक नियमों की अवहेलना।
(Improper conduct)

Corruption : भ्रष्टाचार—मान्य स्तर से नीचे गिरा हुआ आचार।
(Departure from what is pure or correct or from the original)

Corruptly—भ्रष्टतापूर्वक

Debase : खोटापन, पतित करना—किसी का मान/महत्त्व गिराना।
(Lower in quality, value, or character)

Deprave : दुराचार—नैतिक दृष्टि से किसी को भ्रष्ट करना, दुश्चरित्र।
(Corrupt, esp. in moral character)

Depraved life—दुराचारी जीवन
Depravity —दुराचारिता

Debauch : बिगाड़ना—किसी व्यसन आदि के कारण भ्रष्ट करना।
(Pervert from virtue or morality)

Immoral : अनैतिक—नैतिक मानदंडों से इतर।
(Against public morals)

Immoral life —अनैतिक जीवन
Immoral traffic—अनैतिक व्यापार
Immorality —अनैतिकता

Misdeed : अपकर्म/बुरा काम—बुरा काम (कर्म)।
[(Mis-deed) evil deed ; crime]

Pervert : विपथगामी होना/करना, दुरुपयोजन करना—स्वाभाविक स्थिति से उलटकर किसी अन्य मार्ग पर जाना।
(To make use of, usually wilfully, in a wrong or improper way)

161. Monetary, Financial, Fiscal, Pecuniary

Monetary : मुद्रा संबंधी—राजकीय मुद्रा से संबंधित। धनीय।
(Equivalent in money)

Monetary system—मुद्रा पद्धति
Monetary unit —मुद्रा यूनिट

Financial : वित्तीय—अर्थ/राजस्व संबंधी।
(Connected with finance)

Financial estimate—वित्तीय प्राक्कलन
Financial function—वित्तीय कृत्य

Fiscal : राजकोषीय—राज-कोष से संबंधित।
(Of public money)

Fiscal Services—राजकोषीय (राजवित्तीय) सेवाएँ

Pecuniary : धनसंबंधी—धन, विशेषरूप से निजी धन से संबंधित।
(Belonging to ; or having relation to money)

Pecuniary advantage—धनसंबंधी लाभ
Pecuniary demand —धनसंबंधी माँग

●●

N

162. Need, Necessity, Exigency, Requirement, Requisite, Want

Need : जरूरत—ऐसी वस्तु जिसकी पूर्ति वांछनीय है।
(That is necessary)

Needed—जरूरत

Necessity : आवश्यकता—ऐसी वस्तु/बात जिसके बिना काम न चल सकता हो।
(Somthing that is necessary)

Legal necessity —वैध आवश्यकता
Necessity of discipline —अनुशासनिक आवश्यकता

Exigency : अत्यावश्यकता—किसी विशेष मौके पर जिसकी नितान्त आवश्यकता हो।
(Such need or necessity as belongs to the occasion)

Requirement : अपेक्षा—किसी की शर्त/शर्तें आदि के लिए पूरी की जानेवाली आवश्यकता।
(The act of requiring ; a request)

Requirements of law—विधि की अपेक्षाएँ

Requisite : अपेक्षित—किसी उद्देश्य विशेष की सिद्धि के लिए जो वस्तु/बात विशेष सहायक हो।
(Required by the circumstances or the nature of things)

Requisite number—अपेक्षित संख्या
Requisite act —अपेक्षित कार्य

Want : चाह्—इच्छा, ज़रूरत ।
(नोट : दूसरा अर्थ **'अभाव'** भी है ।)
(Need or requirement)

•

163. Normal, Natural, Ordinary, Regular, Typical, Usual

Normal : सामान्य—सामान्य या मान्य स्तर का ।
(Usual or regular)

Normal expenditure—प्रसामान्य व्यय
Normal services —सामान्य सेवाएँ
Normally —सामान्यतः

Natural : प्राकृतिक, स्वाभाविक—सामान्य रूप से स्वभाव/प्रकृतजन्य ।
(Taking place in accordance with the ordinary course of nature)

Natural calamity—प्राकृतिक विपत्ति
Natural event —प्राकृतिक घटना
Naturally —स्वभावतः, प्राकृतिक रूप से

Ordinary : मामूली— साधारण ।
(Of the usual kind)

Ordinary course —मामूली अनुक्रम
Ordinary powers —मामूली शक्तियाँ
Ordinarily —मामूली तौर से

Regular : नियमित—मान्य प्रतिमान के अनुसार होनेवाला ।
(Conformable to rule, properly constituted)

Regular dealings—नियमित व्यवहार
Regular army —नियमित सेना
Regularly —नियमित रूप से

Typical : प्रकारात्मक—जो किसी वर्ग का प्रतिनिधित्व करे।
(Representative)

Usual : आम, सामान्य, प्रायिक—नित्य का ; सामान्य व्यवहार में आनेवाला।
(Habitual or ordinary)

Usual rate—प्रायिक (आम) दर
Usual way—प्रायिक रीति
Usually —प्रायः

Customary : रीतिक, रूढ़िगत—सामान्य रीति के अनुसार होनेवाला।
(Which has been followed as a matter of custom)

Customary manner —रूढ़िक ढंग
Customary concession—रूढ़िक रियायत

●●

O

164. Obligation, Duty

Obligation : 1. **बाध्यता**—बाध्यता, दायित्व ।

2. दायित्व (The bond of legal necessity which binds together two or more)

Under obligation—बाध्यता के अधीन

Duty : कर्त्तव्य—कर्त्तव्य, काम ।

(Official function ; an act)

Duty bound —कर्त्तव्य द्वारा आबद्ध
Duty schedule —कर्त्तव्य-सूची

•

165. Order, Mandamus, Ordinance

Order : आदेश—आदेश, हुक्म (आर्डर) ।

(An authoritative direction, mandate ; a decision of a court or judge made or entered in writing)

Conditional order—सशर्त आदेश
Order in writing —लिखित आदेश

Mandamus : परमादेश—सार्वजनिक प्रकृति के काम को करने के लिए विशेष आदेश ।

(A prerogative order issued in certain cases to compel the performance of duty of a public nature)

Ordinance : अध्यादेश —देश के सर्वोच्च शासक—राष्ट्रपति अथवा राज्य के सर्वोच्च शासक—राज्यपाल द्वारा बनाई हुई विशेष विधि (जब संसद् या विधान सभा का अधिवेशन नहीं हो रहा है।)
(Ordinance promulgated by the President of India or the Governor of any State when the legislature is not in session)

•

166. Outcome, Consequence, End, Result

Outcome : निष्कर्ष —किन्हीं परिस्थितियों/घटनाओं का अन्ततः प्रभाव; अनुवर्तन।
(Visible effect)

Consequence : परिणाम—तर्कसंगत फल/परिणाम।
(A thing or circumstance which follows as an effect or result from something preceding)

In consequence of—के परिणामस्वरूप
Consequential —पारिणामिक

End : अन्ततः निकला फल—अन्ततः निकला हुआ फल।
(Result ; purpose)

Result : फल, परिणाम, नतीजा—किसी के प्रयत्नों के फलस्वरूप निकला परिणाम।
[The effect (issue) of some action, process)

Resulting—परिणामस्वरूप

••

P

167. Pact, Alliance, Treaty, Coalition

Pact : समझौता—दो देशों के बीच समान उद्देश्य की प्राप्ति के लिए किया गया समझौता।
(Agreement)

Alliance : मैत्री—ऐसा समुदाय या संघटन जिससे पारस्परिक लाभ प्राप्त हो।
(Combination for a common object)

Treaty : संधि—दो स्वतंत्र देशों के बीच शर्तों के साथ की गई संधि।
(A for mal agreement especially between states)

Coalition : सहमिलन—किसी समान उद्देश्य के लिए विरोधी पक्षों का अस्थायी गठबंधन।
(Temporary combination between parties that retain distinctive principles)

•

168. Partial, Biased, Onesided, Partisan, Prejudiced, Predilection

Partial : पक्षपातपूर्ण—झुकाव, संबंध (पूर्व) के कारण किसी के अनुकूल बना ली गई धारणा।
(Unfair)

Partiality—पक्षपात

Biased : पक्षपाती—किसी के पक्ष अथवा विपक्ष में सुनने से पूर्व ही बना ली गई कोई धारणा।
[Influenced (unfairly), inspired with prejudice)

Onesided : एकपक्षीय—मात्र एक पक्ष को ध्यान में रखते हुए, बिना दोनों पक्षों को ठीक से सुने हुए।
(Partial, unfair, prejudiced)

Partisan : पक्षीय—किसी एक पक्ष के लिए ही अड़ा रहना जो ठीक नहीं है।
(Adherent of party cause etc., esp. unreasoning one)

Prejudiced : पूर्वग्रहयुक्त, प्रतिकूल प्रभावित—ऐसी विपरीत धारणा जो घृणा, शंका आदि के कारण पहले से बना ली गई हो।
(Affected unfavourably)

Predilection : पूर्वासक्ति—पहले से होने/रहनेवाली किसी के प्रति स्नेहपूर्ण भाव।
(Mental preference, liking)

•

169. Plentiful, Abundant, Ample, Copious, Profuse

Plentiful : प्रचुर—माँग के अनुरूप पूर्ति हो।
(Abundant)

Abundant : अतिशय—माँग से कहीं अधिक पूर्ति हो।
(More than enough)

Ample : पर्याप्त—जिसके द्वारा माँग के अनुसार आवश्यकताओं की पूर्ति हो जाए। व्यापक।
(Extensive ; quite enough)

Capious : अधिक, विपुल—अत्यधिक मात्रा में पैदा या तैयार होनेवाला।
(Existing in large amounts)

Profuse : प्रभूत, अत्यधिक—आवश्यकता से कहीं अधिक मात्रा में।
(Exuberantly plentiful)

170. Possible, Feasible, Practicable, Probable

Possible : सम्भव—जो किया जा सकता है।

(Falling within the bounds of what may happen or may be done)

Possible right—सम्भव अधिकार

Possibility —सम्भावना

Feasible : शक्य, सुसाध्य—जिसको सफलता के साथ पूरा किया जा सके, भली प्रकार साध्य।

(Capable of being done)

Feasibility—शक्यता, साध्यता

Practicable : व्यवहार्य—जिसको आसानी से कार्यरूप में बदला जा सके। साध्य।

(Capable of being carried out in action)

Practicable name—व्यवहार्य नाम

Probable : संभाव्य—जिसके होने की बहुत कुछ संभावना हो।

(That may reasonably be expected to happen)

Probable amount—(अधि) संभाव्य रक़म

Probable date —संभाव्य तारीख़

•

171. Precedent, Antecedent, Anterior, Foregoing, Former, Preceding, Previous, Prior

Precedent : 1. पूर्ववर्ती—1. पहले घटित।

2. नजीर 2. जो पहले कभी हुआ उसके अनुसार मानते हुए।

(Previous case taken as example for subsequent cases)

Precedent interest—पूर्ववर्ती हित

Antecedent : पूर्ववृत्त—ऐसी पहले घटित कोई घटना जो बादवाली घटना का कारण बनी हो। किसी व्यक्ति का पिछला विवरण।
(Previous to)

Antecedents of the offender—अपराधी का पूर्ववृत्त

Anterior : पूर्व—जो इसके पहले का है।
(Prior to)

Anterior to the debt—ऋण से पूर्व

Foregoing : पूर्वगामी, पूर्वोक्त—जिसका पहले उल्लेख किया जा चुका है।
(Previously mentioned)

Former : पूर्वकथित, पूर्व, भूतपूर्व—कालक्रम, समय के अनुसार पहले का कहा हुआ अथवा जो पहले उस स्थान पर काम कर चुका है।
(Earlier in time, the first mentioned)

Preceding : पूर्ववर्ती, गत—क्रम, समय में किसी से ठीक पहलेवाला।
(That precedes in order, time or movement)

Previous : पिछला, पूर्वतन—समय, क्रम आदि के अनुसार पहले/पीछे होनेवाला।
(Earlier)

Previous approval—पूर्व अनुमोदन

Prior : पहले वाला, पूर्विक—विशेषता, महत्त्व आदि के कारण जिसे पहले किया जाए।
(Preceding in time or order)

•

172. Process, Procedure, Proceedings

Process : क्रिया-विधि, प्रक्रिया—कार्यवाही की परिचालन-विधि ।
(The course of precedure ; a particular mode or system of doing something)

Process analogous—सदृश्य प्रक्रिया
Process of law —विधि की प्रक्रिया

Procedure : प्रक्रिया—कार्यवाही के परिचालन की पद्धति/प्रक्रिया ।
(The mode or form of conducting proceedings)

Procedure to be adopted—अपनाई जानेवाली प्रक्रिया

Proceedings : कार्यवाही—कार्य-विवरण ।
(A particular action or course of action)

Proceedings of a civil nature—सिविल प्रकृति की कार्यवाहियाँ

•

173. Property, Possessions, Estate

Property : संपत्ति—ज़मीन, जायदाद जिस पर अधिकार हो ।
(Something that is or may be owned)

Property of any kind—किसी भी किस्म की संपत्ति
Title in property —संपत्ति में हक़

Possessions : 1. धन-दौलत —1. धन-दौलत (बहुवचन)
2. कब्जाधीन क्षेत्र 2. कब्जा/कब्जाधीन क्षेत्र
[1. Property (often plural)]
(2. The area in ons's possession)

Bonafide possession—वास्तविक कब्जा।
Party in possession —कब्जा रखनेवाला पक्षकार

Estate : एस्टेट, सम्पदा—जमीन, जायदाद संबंधी सम्पदा—एस्टेट ।
(Property in which one has a right or interest ; a landed property)

Conditional estate—सशर्त सम्पदा
Estate duty —सम्पदा शुल्क

●●

R

174. Reach, Range, Scope

Reach : पहुँच—वह स्थान जहाँ तक प्रभाव पहुँच सकता है।
(Beyond the extent)

Out of reach—पहुँच के बाहर

Range : रेंज, परिसर—वह क्षेत्र जिसमें कोई चीज़ दृश्यमान ; जहाँ तक पहुंचा जा सके।
(Distance between limits ; area included in or concerned)

Range warder—रेंज वार्डर

Scope : 1. कार्यक्षेत्र, विस्तार,
2. विषयक्षेत्र, प्रविषय—निर्धारित सीमाओं से घिरा कोई क्षेत्र—कार्य अथवा विषय से संबंधित ।
(1. General extent)
(2. Subject under consideration)

1. Scope of authority —प्राधिकार का विस्तार
2. Scope of the inquiry —जाँच का प्रविषय

●

175. Re-examine, Reconsider, Resurvey, Review

Re-examine : पुनःपरीक्षा करना—फिर से परीक्षा करना।
(To examine again)

Re-examination—पुनःपरीक्षा

Re-consider : पुनर्विचार करना—किसी बात पर फिर से विचार करना।
(Consider again, esp. as regards possible change of decision)

Reconsideration—पुनर्विचार

Re-survey : पुन: सर्वेक्षण करना—फिर से सर्वेक्षण करना।
(Once more or afresh survey in order to alter or improve or renew)

Review : पुनरीक्षा/पुनर्विलोकन करना—किसी मामले को नये सिरे से फिर से देखना।
(In certain circumstances reconsider ; a retrospective survey of past actions)

Review order —पुनर्विलोकन आदेश
Review of judgement—निर्णय का पुनर्विलोकन

•

176. Refuse, Decline, Reject, Repudiate, Spurn

Refuse : (साफ़-साफ़) इन्कार करना—साफ़-साफ़ मना कर देना, इन्कार करना।
(To decline positively)

Refuse to accept—स्वीकार करने से इन्कार करना
Refused —इन्कार किया

Decline : नकारना—शिष्टता के साथ किसी के प्रस्ताव/निमंत्रण को न मानना।
(To refuse)

Declining to interfere—हस्तक्षेप करने से इन्कार करना

Reject : **नामंजूर करना, निरस्त करना**—अपने अधिकार से अस्वीकृत करना।
(To refuse to grant or accede to)

Reject the appeal—अपील नामंजूर करना
Rejection —नामंजूर किया जाना

Repudiate : **निराकरण करना**—अमान्य करार देना।
(To reject with denial, as being quite unfounded)

Repudiate the suit—वाद का निराकरण करना
Repudiation —निराकरण

Spurn : **ठुकराना**—तिरस्कार करते हुए किसी के प्रस्ताव को अस्वीकार कर देना।
(Reject with disdain)

•

177. Repay, Refund, Reimburse, Return

Repay : **अदा करना-चुकाना, प्रतिसंदाय करना**—लिये हुए धन को चुकाना।
(To pay back)

Repayable —प्रतिसंदेय
Repayment —प्रतिसंदाय

Refund : **वापस करना, प्रतिदाय**—जो रक़म/धन लिया है उसे लौटाना।
(The amount refunded ; to hand back, repay)

Refund of revenue —राजस्व का प्रतिदाय
Refund the excess amount —अतिरिक्त रक़म को वापस करना

Reimburse : **प्रतिपूर्ति करना**—पहले खर्च की हुई रक़म को बाद में प्राप्त करना।

[Pay back (who has spent money)]

Shall be reimbursed—प्रतिपूर्ति की जाएगी

Reimbursement —प्रतिपूर्ति

Return : **लौटाना**—ली हुई चीज़ को लौटाना।

(To give or render back)

Return of documents—दस्तावेजों को लौटाना

●●

S

178. Sector, Region, Territory, Zone

Sector : खण्ड-सेक्टर—सेक्टर, वृत्त का खण्ड ।
(Part of a circle/place)

Private sector—प्राइवेट सेक्टर
Public sector —पब्लिक सेक्टर
Sectoral —खण्डीय

Region : क्षेत्र, प्रदेश—किसी देश का भू-भाग ।
(A tract of country)

Regional—प्रादेशिक

Territory : प्रदेश-इलाका, राज्यक्षेत्र—किसी देश या राज्य का इलाका, प्रदेश/राज्यक्षेत्र ।
(The land or country belonging to or under the dominion of a ruler or state)

Territory of India—भारत का राज्यक्षेत्र
Territorial —राज्यक्षेत्रीय

Zone : अंचल, ज़ोन—किसी भूभाग से घिरा परिक्षेत्र जिसको प्रशासनिक सुविधा के लिए इकाई बनाया गया हो ।
(Any well-defined region of more or less beltlike form)

Zonal—आंचलिक

•

179. Shirk, Avoid, Elude, Escape, Evade

Shirk : जी चुराना—किसी उत्तरदायित्व, कर्त्तव्य से अपने को बचाना।
(Avoid meanly, get out of)

Avoid : टालना, बचना, परिवर्जन करना—रास्ता बचाकर निकलना।
(To keep out of the way)

Avoidable cause—परिवर्जनीय हेतुक
Avoidance —परिवर्जन

Elude : चालाकी से बच निकलना—चालाकी से किसी कानून से बच निकलना।
[Escape, avoid compliance with (law, request) or fulfilment of (obligation)]

Escape : निकल भागना—किसी न किसी प्रकार निकल भागना।
(To effect one's flight from)

Escape from confinement—परिरोध में से निकल भागना
Escaped —निकल भागा

Evade : अपवंचन करना—धोखा देकर बच निकलना।
(To avoid, to elude)

Evade apprehension—पकड़े जाने से बचना

●●

T

180. Temper, Character, Personality, Disposition, Temperament

Temper : मिजाज, स्वभाव—अनुभूतियों का भाव से संबंधित पक्ष, मनोदशा ।
(Habitual or temperory disposition of mind)

Character : चरित्र—किसी भी व्यक्ति के नैतिक स्वाभाविक गुणों का संयुक्त रूप ।
[(Moral strength if highly developed or evident) particular qualities impressed by nature or habit on a person which distingues him]

Character-building—चरित्र-निर्माण

Personality : व्यक्तित्व—किसी भी व्यक्ति के शारीरिक, मानसिक गुणों का सामूहिक पक्ष ।
(Personal existence or identity, distinctive peisonal character)

Disposition : प्रवृत्ति—स्ववृत्ति ; चरित्र का मूल और स्वाभाविक पक्ष ।
[(Natural tendency, inclination) the complex of attitudes, proclivities and responses cond.tioning conduct)

General disposition—साधारण प्रवृत्ति

Temperament : प्रकृति—चित्त की वह प्रकृति जिससे सामान्य व्यवहार प्रभावित होता है।
(Individual character of one's physical constitution permanently affecting the manner of thinking and acting)

Temperamentally—स्वभावतः, प्रकृत्या

•

181. Trespass, Encroach, Infringe, Intrude, Invade

Trespass : अतिचार करना—किसी के क्षेत्र (निर्मित/अनिर्मित) में अनधिकार प्रवेश करना।
(Doing of unlawful act or lawful act in unlawful manner to the injury of another's property)

House trespass—गृह-अतिचार
Trespasser —अतिचारी

Encroach : अधिक्रमण करना—अवैध रूप से चोरी-छिपे किसी दूसरे के क्षेत्र में अधिकार कर लेना।
(Intrude usurpingly)

Encroachment—अधिक्रमण

Infringe : अतिलंघन करना—कानून का उल्लंघन करते हुए किसी अधिकार का अतिक्रमण करना।
(To commit a breach of)

Infringement—अतिलंघन

Intrude : अनधिकार प्रवेश करना,
घुसपैठ करना (अतिक्रमण)—घुसपैठ करना, बिना बुलाये जबरदस्ती किसी के क्षेत्र में चले जाना।
(To enter uninvited)

Intrude upon the privacy—एकांतता का अतिक्रमण करना
Intruder —घुसपैठिया
Intrusion —अतिक्रमण

Invade : चढ़ाई करना, आक्रमण करना—प्रतिरोध की परवाह किये बिना अनधिकार प्रवेश करते जाना।
(Enter with armed forces in order to attack)

Invader —आक्रामक
Invasion —आक्रमण

182. Try, Attempt, Effort, Endeavour, Strive, Struggle

Try : 1. कोशिश करना —किसी काम को करने/पूरा करने में अपनी शक्ति लगाना।
2. विचार करना 2. To examine or determine (a cause or question) judicially

Try a suit—वाद का विचारण करना।

Attempt : प्रयत्न, चेष्टा, प्रयत्न करना—किसी ऐसे काम को करने का प्रयत्न करना जो कठिन हो।
(To try to accomplish or attain any action/object)

Attempt to murder—हत्या करने का प्रयत्न
Attempted —प्रयत्न किया गया

Effort : प्रयास—सफलता मिले अथवा न मिले, प्रयास करते रहना।
(Hard work, use of mental powers or bodily strength)

Endeavour : उद्योग करना, प्रयास करना—काफ़ी मुसीबतों के साथ मेहनत करते रहना।
(Strenuous attempt)

Utmost endeavour—अधिकतम प्रयास

Strive : जी-तोड़ मेहनत—कठिन परिश्रम कर काम करना।
(Make great efforts)

Struggle : 1. संघर्ष करना—1. सुविधा प्राप्त करने के लिए उग्रता से प्रयत्न करना।
(To make violent efforts)

2. गुत्थमगुत्था—2. बिचारों, हितों, दो पक्षों में होनेवाला उग्रता-पूर्ण विरोध।
(Fight)

●●

U

183. Use, Utilize, Employ

Use : प्रयोग करना—काम में लाना ; इस्तेमाल (प्रयोग) करना ।
(Utilize)

Use (N)—प्रयोग
User —उपभोक्ता

Utilize : उपयोग करना—लाभ के लिए व्यवहार/उपयोग में लाना ।

Utilisation—उपयोग

Employ : नियोजित करना—जो व्यक्ति खाली है उसे काम (नौकरी) पर लगाना ।
[To engage or use the services of (a person) ; to make use of]

Bonafide employ—यथार्थ नियोजन
Employed —नियोजित
Employee —कर्मचारी
Employer —नियोजक, नियोक्ता

••

V

184. Valid, Cogent, Convincing, Sound, Telling

Valid : वैध, मान्य—जो तर्क, प्रमाण के अनुकूल हो ; जो विधिमान्य हो ।
(Good or adequate in law ; legally binding)

Valid and effectual—विधिमान्य और प्रभावी
Valid charge —विधिमान्य आरोप

Cogent : निश्चायक, अकाट्य—पूर्ण रूप से मान्य ; निश्चायक ।
(Powerful ; forcible)

Convincing : प्रत्ययकारी—विश्वास पैदा करने योग्य ; विरोध, सन्देह आदि का प्रश्न ही नहीं हो ।
(Feeling certain)

Sound : ठोस, साधार, पक्का—वह, जिसमें भूल/त्रुटि न हो ; जो प्रमाण के साथ प्रस्तुत किया जाए ; तर्क-आधारित ।
(Free from defect ; in good condition)

Sound principles—ठोस सिद्धान्त

Telling : कारगर— इच्छित/अभीष्ट प्रभाव पैदा करनेवाला ; ज़ोरदार ।
(Having marked effect, striking)

•

185. Vigilant, Watchful, Wide-awake

Vigilant : जागरूक—जो अपने कर्त्तव्य का पालन करने के लिए चौकस, सक्रिय व सचेत रहे।
(Staying awake to keep watch)

Vigilance—जागरूकता, सतर्कता

Watchful : चौकस—जो चारों तरफ़ देख-रेख रखता हो।
(On the watch)

Wide-awake : सजग—जो परिस्थितियों (बाहरी-अन्दरूनी) के प्रति अत्यधिक सावधान रहे।
(Fully awake)

186. Accession, Amalgamation, Fusion, Integration, Merger

Accession : 1. पदारोहण—1. पद पर बैठना।
2. अनुवृद्धि —2. वृद्धि होना।
(Something added, natural growth of property)

Accession to office—पदारोहण

नोट : पुस्तकालय विज्ञान में **'अवाप्ति'**।

Amalgamation : समामेलन—एक का दूसरे में मिल जाना।
(The act or process of amalgamating. Merging of two or more business concerns into one company)

Amalgamated —समामेलित (कम्पनी)
Amalgamative—समामेली

Fusion : सम्मिश्र/गलन—अनेक चीजों का एक में मिश्रण/गलन।
(Blending of different things into one/melting)

Fusionist—योजक (विभिन्न मतावलम्बियों के विरोध को हटाकर उनको संयुक्त करनेवाला व्यक्ति)

Integration : एकीकरण—एकत्रीकरण, संघटित, पूंजीकरण।
(Ending of racial segregation.)

Integrated —समेकित, एकीकृत
Emotional integration —भावात्मक एकता
National integration —राष्ट्रीय एकता
Integrated Rural Development—एकीकृत ग्रामीण विकास

Merger : विलयन, विलीनीकरण—एक का दूसरे में विलय।
(Extinguishment of a right, estate, contract company, action by absorption in another)

Merged states—विलीन राज्य
Merging —विलयन
Mergence —विलयन

●

187. Accessory, Ancillary, Auxiliary, Secondary, Subsidiary

Accessory : 1. उपसाधन—अतिरिक्त सहायक पर महत्त्वपूर्ण।
(An object or device that is not essential in itself but that adds to the effectiveness of something else.)

2. समनुषंगिक—(Present alongwith something more important, Minor fitting or attachment)

Accessory of an automobile—मोटरगाड़ी का उपसाधन
Accessory right —समनुषंगिक अधिकार

Ancillary : अनुषंगी—सम्बन्धित।
(Subservient, related)

Ancillary activity —आनुषंगिक क्रियाकलाप
Ancillary industry—आनुषंगिक उद्योग

Auxiliary : सहायक—वह जो सहायता देने के लिए मददगार हो।
[(One who is) helpful for assisting or supporting]

Auxiliary corps—सहायक कोर
Auxiliary force—सहायक बल

Secondary : द्वितीयक, गौण—प्रथम (पहले) के बाद में आनेवाला।
(Next below, coming in place or time after, depending on or derived from of less importance/of second or inferior rank or class.)

Secondary data —गौण आँकड़े
Secondary evidence—द्वितीयक साक्ष्य
Secondary materials—द्वितीयक सामग्री

Subsidiary : समनुषंगी—सहायक या पूरक के लिए सहायता दे।
(Serving to assist or supplement one who or that which aids or supplies.)

Subsidiary bank —समनुषंगी बैंक
Subsidiary company—समनुषंगी कम्पनी
Subsidiary works —समनुषंगी निर्माण

●

188. Adulteration, Debasement, Mixture, Admixture, Intermixture

Adulteration : अपमिश्रण, मिलावट—किसी वस्तु में किसी अन्य मिलती-जुलती वस्तु को मिला देना।
(The action of adulterating)

Adulteration of food—खाद्य का अपमिश्रण
Adulterated —अपमिश्रित
Adulterant —अपमिश्रक

Debasement : खोटापन, अपकर्ष—किसी का मान/महत्त्व गिरना।
(Lower in quality, value or character)

Debaser—मेल (खोट) मिलानेवाला

Mixture : मिश्रण—मिश्रण, योग, घोल, संसर्ग, मिश्रण से प्राप्त, मिश्रता।
(The produce of mixing, blended)

Mixture race—मिश्रण जाति

Admixture : अधिमिश्रण—मिश्रण में किसी अन्य पदार्थ को मिला देना।
(Admixing, thing added)

Intermixture : अन्तर्मिश्रण—घालमेल, अन्तर्मिश्रण।
(Mixing together, intermingle)

●

189. Agent, Broker, Proxy, Delegate/Representative, Tout

Agent : अभिकर्त्ता (एजेंट)—किसी व्यक्ति के लिए काम करने के लिए नियुक्त व्यक्ति।
(A person employed to do any act for another)

Managing agent —प्रबन्ध अभिकर्त्ता
Agent of the carrier—वाहक का अभिकर्त्ता
Sole agent —एकमात्र एजेंट
Commission agent —कमीशन अभिकर्त्ता/आढ़तिया

Broker : दलाल—बिचौलिया जो मध्यस्थ के रूप में काम करता है और बदले में कमीशन प्राप्त करता है।
(Middleman who for a commission on the value of the transactions negotiates for others for purchase or sale of stocks)

Brokerage —दलाली
Broker's note—दलाल की पर्ची

Proxy : परोक्षी—प्रतिपुरुषत्व, एवजी जिसे वोट देने का अधिकार हा।
(One acting for another, a writing authorizing a person to vote instead of another at a meeting)

Proxy paper—परोक्षी पत्र
Proxyship —प्रतिहस्तता

Delegate
Representative } : प्रतिनिधि—जो किसी के स्थान पर अथवा संस्था की ओर से प्रतिनिधित्व करे।
(One who represents another as agent, delegate, successor or heir)

Representative capacity —प्रतिनिधि की हैसियत
Representative in interest—हित प्रतिनिधि

Tout : दलाल, टाउट—दलाल के रूप में दुरभिकर्त्ता (विशेषतः घुड़दौड़ की दलाली करना)।
(One who looks out for custom in an obstructive way)

Touter —दलाल/टाउटर

●

190. Article, Commodity, Gcods, Material, Stock

Article : वस्तु/चीज—कोई विशेष हिस्सा, चीज।
(A thing, particular part)

Article of value —मूल्यवान वस्तु
Article of commerce—वाणिज्यिक वस्तु

Co nmodi y : पण्य/जिन्स—वाणिज्य के काम आनेवाली वस्तु।
(An article of commerce)

Commodity Board—वाणिज्य बोर्ड
Staple commodity—व्यापार की वस्तु/जिन्स

Goods : माल—माल, असबाव।
(Movable property, wares)

Goods clerk —माल बाबू
Goods, existing—वर्तमान माल

Material : सामग्री—वह सामग्री जिससे कुछ बनाया जा सके।
(That out of which anything is or may be made)

Good material good work—जितना गुड़ डालो उतना मीठा

Stock : शेष माल/स्टाक—व्यापार या व्यवसाय आदि की सामग्री, माल।
(Equipment for trade)

Stock and share —स्टाक और अंश
Stock checking —स्टाक की जाँच
Take stock —स्टाक की जाँच करना

Out of stock (not thus available)—स्टाक में नहीं

●

191. Artificer, Artisan, Craftsman, Mechanic, Workman

Artificer : परिशिल्पी—कुशल मैकेनिक।
(Skilled mechanic)

Artifice—कौशल/उस्तादी

Artisan : कारीगर, शिल्पी—मैकेनिकल कला/शिल्प विशेषत: हस्तशिल्प में कुशलता प्राप्त।
(One skilled in some kind of mechanical art or craft esp. manual)

Craftsman : **दस्तकार**, शिल्पकार—हाथ की कला/शिल्प में कुशलता प्राप्त।
(One who practices a handi-crafts)

Craftsmanship—शिल्पज्ञता, शिल्पकारिता, दस्तकारी

Mechanic : **मिस्तरी** (मैकेनिक)—कुशलता से काम करनेवाला विशेषतः किसी मशीन से।
(Skilled workman, esp. one who makes or uses machinery)

Head mechanic—मुख्य मिस्त्री
Mechanics —यांत्रिकी
Mechanical —यांत्रिक

Workman : **कर्मकार, कामगर**—किसी कार्य में विशेषतः मजदूरी में लगा हुआ व्यक्ति।
(A man engaged to do work or manual labour)

Workman like—अच्छे कामगर जैसा
Workmanship—कर्मकारी/कामगरी

●

192. Assembly, Conference, Congress, Council, Session

Assemhly : 1. **सभा**—अनेक व्यक्तियों का एक स्थान पर आना।
2. **जमाव**—(Coming together)

Assembly hall —सभा मंडप
Assembly constituency—सभा निर्वाचन क्षेत्र
Assemblage —जमाव
Unlawful assembly —विधि विरुद्ध जमाव

Conference : सम्मेलन—एक स्थान पर अनेक व्यक्तियों का विचारार्थ मिलना।

(A meeting of several persons for the interchange of opinions or for the removal of doubts or differences.)

Joint conference—संयुक्त सम्मेलन
Conferential —सम्मेलन सम्बन्धी

Congress : महासभा/कांग्रेस—बैठक के लिए एक-सी विचारधारा के लोगों का आना।

(Coming together, meeting)

Congress member —कांग्रेसी सदस्य
Congress party —कांग्रेस दल
Congressite —कांग्रेसी

Council : परिषद्—सलाह, प्रशासन आदि के लिए सभा को बुलाना।

(An assembly called together for deliberation, advice, administration or legislation)

Academic Council —विद्या परिषद्
Council of Advisers —सलाहकार परिषद्
Council of Ministers —मन्त्रि-परिषद्
Councillor —परिषद् का सदस्य

Note : Council of States —राज्यसभा

Session : सत्र, अधिवेशन—किसी अवधि के लिए बैठक।

(A periodical sitting)

Session, magistrate—सत्रासीन मजिस्ट्रेट
Current Session —वर्तमान सत्र
Plenary Session —पूर्ण अधिवेशन

●

193. Backward, Depressed, Underdeveloped, Weaker

Backward : पिछड़ा—जो वर्ग बदतर स्थिति में है।
(Into a worse state)

Backward classes—पिछड़े वर्ग
Backward tribes —पिछड़ी जन/आदिम जातियाँ
Backwardly —पिछड़े हुए रूप में
Backwardness —पिछड़ापन

Depressed : दलित—दबा हुआ, दलित विशेषत: निम्नतम जातियों के व्यक्ति।
(Persons of the lowest castes/untouchables)

Depressed class—दलित वर्ग

Underdeveloped : अल्पविकसित—जो पूर्णतया विकसित नहीं है।
(Not fully developed / not developed enough to give a normal image)

Underdeveloped area —अल्पविकसित क्षेत्र
Underdeveloped country —अल्पविकसित देश
Underdeveloped economy—अल्पविकसित अर्थव्यवस्था

Weaker : कमजोर/दुर्बल—वह जो शक्ति अथवा संख्या में निर्बल हो।
(One who is deficient in strength or power or number)

Weaker section—कमजोर वर्ग
Weaker nation—दुर्बल राष्ट्र

●

194. Blank, Empty, Vacant, Void

Blank : 1. रिक्त— 1. कुछ न लिखा या मुद्रित हुआ हो।
(Not written or printed on)

2. रिक्त स्थान—2. खाली छोड़ा गया स्थान।
(With spaces left for signature or details)

Vacant spaces—खाली/रिक्त स्थान
Blankness —रिक्तता
Blank Cheque —कोरा चेक (With amount left for payee to fill in)

Empty : खाली—हर तरह से रिक्त।
(Containing nothing)

Empty handed—खाली हाथ
Empty headed —बुद्धिहीन

Vacant : रिक्त/खाली—1. रिक्त—Unoccupied
2. खाली—Empty

Vacant post —रिक्त पद
Vacant space—रिक्त स्थान
Vacant house—रिक्त घर

Void : शून्य—अप्रभावी; विधि द्वारा भी जो लागू न किया जा सके।
(Null, ineffectual, incapable of being enforced by law)

Void agreement —शून्य करार
Void and of no effect—शून्य और प्रभावहीन
Void ab initio —आरंभतः शून्य
Voidable —शून्यकरणीय
Voidness —शून्यता

195. Licence, Permit

Licence : अनुज्ञप्ति (लाइसेंस)—किसी प्राधिकारी द्वारा दिया गया औपचारिक आज्ञापत्र।
(A formal permission from a constituted authority to do something. An authority to do something which would otherwise be inoperative, wrongful or illegal)

Licensed dealer—अनुज्ञप्त व्यौहारी
Licensee —अनुज्ञप्तिधारी (लाइसेंसी)

Permit : अनुज्ञापत्र (परमिट)—आज्ञा प्रदान करनेवाला लिखित आदेश।
(A written order giving permission)

Permit, issue of—अनुज्ञापत्र देना
Permmitted —अनुज्ञा प्राप्त
Permittee —अनुज्ञापत्रधारी

●

196. Livelihood, Maintenance, Subsistence

Livelihood : जीविका—जीविका चलाने का साधन।
(Means of living, sustenance)

Maintenance : 1. भरणपोषण, अनुरक्षण—1. भरणपोषण / रक्षण के लिए सामग्री।
[(Provision of) enough to support life]

2. चालू रखना/बनाए रखना—2. (Being maintained)

Maintenance order —भरणपोषण का आदेश
Maintenance of wife —पत्नी का भरण-पोषण
Maintenance officer —अनुरक्षण अधिकारी
Maintenance grant —चलाने के लिए अनुदान
Maintenance of discipline—अनुशासन बनाए रखना
Maintenance of account —लेखा रखना

Subsistence : 1. जीवन निर्वाह—1. (Means of support, provision)
2. अस्तित्व —2. (The state of subsisting)

Subsistence money —गुजरबसर के लिए खर्च/द्रव्य
Subsistence allowance —जीवन निर्वाह भत्ता
Subsistence grant —जीवन निर्वाह अनुदान
Subsistence of the contract—संविदा का अस्तित्व
Subsistent —अस्तित्वमय

●

197. Ownership, Possession, Tenure

Ownership : स्वामित्व—किसी भी स्थान, भवन, दूकान आदि के स्वामी होने का भाव।
(The fact or state of being an owner Proprietorship)

Owning—स्वामित्व रखनेवाला

Possession : 1. कब्जा—1. (Physical control whether actual or in the eyes of law over property)
2. कब्जाधीन क्षेत्र—2. (The area in one's possession)

Possessional —कब्जे का, कब्जे में का
Possessor —कब्जा रखनेवाला
Bonafide possession—वास्तविक कब्जा
Party in possession —कब्जा रखनेवाला पक्षधर

Tenure : 1. भूधृति—1. (The mode or system or the action of holding land or tenement)
2. अवधि—1. (Time holding)

By the same tenure—उसी धृति पर
Tenure holder —भूधारी
Tenure of office —पदावधि
Tenure service —सेवा की अवधि

●

198. Participate, Share

Participate : भाग लेना, सम्मिलित होना—भाग लेना

[Take part (in thing, with person)]

Participant —सहभागी
Participation —भाग लेना
Participation of students—छात्रों का भाग लेना
Participative —भागी

Share : अंश पाना, भागीदार होना—किसी कम्पनी के पूंजीनिवेश में अंश प्राप्त करना।

(A definite portion of the Capital of a company. To get a share)

Share in Property—सम्पत्ति में अंश
Share Profits, to —लाभों का अंश पाना
Shareholder —अंशधारी
Share list —अंश सूची

●

199. Particular, Special, Specific

Particular : विशिष्ट—उसी प्रकार के लोगों/की चीज़ों में अलग से।

(Distinctive among others of the same kind)

Particular instance—विशिष्ट उदाहरण
Particular case —विशिष्ट मामला
Particular, in —विशिष्टतया
Particularly —विशिष्ट रूप से
Particularism —विशिष्टतावाद

Special : विशेष— गुण, मात्रा में अद्वितीय।
(Exceptional in character, quality or degree)]

Special account —विशेष खाता
Special allowance—विशेष भत्ता
Specialist —विशेषज्ञ
Specialized —विशेषज्ञीय, विशेषित
Speciality —विशेषता

Specific : विनिर्दिष्ट— जो साफ व ब्योरेवार स्पष्ट हो।
(Definite, Distinctly formulated)

Specific fact —विनिर्दिष्ट तथ्य
Specific injury—विनिर्दिष्ट क्षति
Specifically —विनिर्दिष्ट रूप से
Specification —विनिर्देश
Specificity —विनिर्दिष्टता

●

200. Place, Premises, Site, Situation, Spot

Place : स्थान— (Particular part of space, locality, position)

Place of business —कारबार का स्थान/ठिकाना
Place of confinement —परिरोध का स्थान
Placement —स्थानन, नियोजन
Placename —स्थाननाम

Premises (in pl.) : परिसर—किसी गृह/घर का परिसर
(house/building with adjoining grounds and other appurtenances)

Factory premises—फैक्टरी परिसर

Site : स्थल—वह स्थल जहाँ कोई भवन स्थित होता है।
Site planner —स्थल योजक
Siting —स्थान निश्चित करना
Camping site —कैम्प-स्थल

Situation : स्थिति/अवस्थान—वह स्थान जिसकी सीमाएँ किसी के द्वारा निश्चित हों।
(Place, location with its surroundings occupied by something)

Situated—स्थित

Spot : स्थान/स्थल, चिह्न—कोई निश्चित छोटा स्थान।
(A particular small area, part or definite point in any surface or body)

Spot delivery —हाजिर सौदा
Spotless (free from spot/stain)—बेदाग/चिह्नरहित

●

201. Proceeds, Returns, Turnover

Proceeds : आगम—व्यापार में विक्रय के द्वारा धनागम।
(Money produced by sale, performance, what is derived from things as a sale, investment, business)

Proceeds of article—वस्तुओं के आगम
Proceeds of fines —जुर्मानों के आगम
Proceeds of sales —विक्रय के आगम

Returns : 1. प्रत्यागम, प्रतिलाभ (मुनाफा)—1. (Income in relation to the means by which it is produced)

नोट : हमेशा बहुवचन में प्रयुक्त—brings an adequate returns.

2. विवरणियाँ —2. सामयिक विवरण
(Periodical data)

Returns and reports—विवरणियाँ और रिपोर्टें

Turnover : आवर्त, विक्रयराशि—व्यापारावर्त, किसी विशेषमात्रा तक।

●

202. Prescribe, Recommend, Suggest

Prescribe : विहित करना—आधिकारिक रूप से निर्धारित करना।
(Lay down or impose authoritatively. To lay down by rules)

Prescribed —विहित
Prescribed manner—विहित रीति
Prescribed rate —विहित दर

Recommend : अनुशंसा (सिफारिश) करना—किसी की तारीफ़ के कारण अथवा गुण के कारण उसके पक्ष में समर्थन देना।
(Speak or write as fit for employment or favour/trial)

Recommendation—सिफारिश (संस्तुति)
Recommendable —अनुशंसनीय

Suggest : सुझाव देना—स्वीकृति अथवा निरस्त करने के लिए दिए गए विचार।
(Propose for acceptance or rejection)

Suggested —सुझाए गए, इंगित
Suggestion—सुझाव, सुझाया गया
Suggestive—सुझानेवाला

●

203. Refresh, Rejuvenate, Renew, Renovate, Restore, Revive

Refresh : 1. तरोताजा करना —(Reanimate, reinvigorate, make cool again)
2. स्मृति को ताजा करना—(Memory)

नोट—नितान्त भिन्न अर्थ में कुछ प्रयोग और हैं—

Refresher —पुनर्बोधक, पुनश्चर्या
Refresher training—पुनश्चर्या प्रशिक्षण
Refreshment —जलपान, उपाहार, विश्रांति

Rejuvenate : कायाकल्प करना—पुनः जवानी प्राप्त करना।
(Make or become young again)

Rejuvenation —कायाकल्प, पुनर्यौवन
Rejuvenator —कायाकल्पक, पुनर्यौवनदाता
Rejuvenescence —नवयौवनशक्ति

Renew : नवीकरण करना—जो समाप्त हो चुका है उसे फिर से आगे बढ़ाना।
(Granted continuation of, to continue in force for a fresh period, grant continued validity of)

Renewable —नवीकरणीय
Renewal —नवीकरण
Renewed —नवीकृत
Renewer —नवशक्ति प्रदाता

Renovate : नया रूप-रंग देना—मरम्मत द्वारा फिर से नया रूप दे देना।
(Make new again, repair, restore to good condition)

Renovation—नवीकरण, दोबारा नयापन
Renovator —नवीकर्त्ता

Restore : 1. पुनः स्थापन करना—(Re-establish, bring back to dignity)

Restored—पुनः स्थापित करना

2. प्रत्यावर्तन करना—(Reinstate, to make return)

Restoration—प्रत्यावर्तन, वापस देना
Restorer —पुनर्नियोक्ता, बहाल करनेवाला

3. पुनरुद्धार करना—(Bring back to original state by repairing)

Restored to their original standard—अपने मूल स्तर तक पुनरुद्धार करना

Revive : 1. पुनरुज्जीवित होना—(Bring back to consciousness, life)
2. पुनः प्रवर्तित होना—(To become operative again)
3. पुनरुज्जीवित करना—(To restore to consciousness)

Reviving—पुनश्चेतन
Reviver —पुनरुज्जीवनदाता

अनुक्रमणिका

□□□